कैलाश गौतम

राष्ट्रीय स्तर के काव्य मंचों के प्रतिष्ठित, लोकप्रिय, जनकवि के रूप में विख्यात तथा भोजपुरी के ख्यातिलब्ध बहुचर्चित कवि कैलाश गौतम का जन्म दिनांक 8 जनवरी, 1944 ई. को वाराणसी के डिग्घी, चन्दौली में हुआ। उन्होंने बी.ए. की शिक्षा बनारस हिन्दू विश्वविद्यालय से, बी.एड. गोरखपुर विश्वविद्यालय से तथा एम.ए. की शिक्षा इलाहाबाद विश्वविद्यालय से ग्रहण करने के उपरान्त आकाशवाणी से बतौर वरिष्ठ उद्घोषक, विभागीय कलाकार के रूप में 1967 से 2004 तक कार्य किया। तत्पश्चात् हिन्दुस्तानी एकेडमी के अध्यक्ष पद का कार्यभार सँभाला।

उत्तर प्रदेश सरकार का यश भारती सम्मान, उत्तर प्रदेश हिन्दी संस्थान का लोकभूषण सम्मान तथा राहुल सांकृत्यायन सम्मान, नई दिल्ली परम्परा के ऋतुराज सम्मान, मुम्बई के परिवार सम्मान, निराला सम्मान व महादेवी सम्मान से विभूषित।

निधन : 9 दिसम्बर, 2006

कैलाश गौतम समग्र

खण्ड-1

सम्पादक

श्लेष गौतम

भूमिकाएँ

दूधनाथ सिंह

धर्मवीर भारती

श्रीनरेश मेहता

लोकभारती पेपरबैक्स

पहला पेपरबैक संस्करण : 2017

लोकभारती पेपरबैक्स : उत्कृष्ट साहित्य के लोकप्रिय संस्करण

लोकभारती प्रकाशन
पहली मंजिल, दरबारी बिल्डिंग, महात्मा गाँधी मार्ग,
इलाहाबाद-211 001

वेबसाइट : www.lokbhartiprakashan.com
ईमेल : info@lokbhartiprakashan.com
शाखाएँ : 1-बी, नेताजी सुभाष मार्ग, दरियागंज, नई दिल्ली-110 002
अशोक राजपथ, साइंस कॉलेज के सामने, पटना-800 006 (बिहार)
36-ए, शेक्सपियर सरणी, कोलकाता-700 017

ग्राफिक क्रिएशन्स प्रा.लि.
टैगोर टाउन, इलाहाबाद द्वारा मुद्रित

तीन खण्डों का संयुक्त
मूल्य : ₹ 1800

KAILASH GAUTAM SAMGRA
VOL. I
Edited by Dr. Shlesh Gautam

ISBN : 978-93-5221-130-2

मनकवि कैलाश गौतम | शलेष गौतम

धरा कभी छोड़ी नहीं, छूकर भी आकाश।
अजर-अमर तुम हो गये, कविता के कैलाश।।

जी हाँ, मनकवि कैलाश गौतम, जनकवि, गीतकार, श्रेष्ठ संचालक, व्यंग्यकार से कहीं इतर, जो मेरे भीतर से उनकी रचनात्मकता के लिए शब्द फूटा वह 'मनकवि' ही है। सचमुच एक अजीब-सी सादाज़बानी की जादूगरी है उनकी रचनाओं में, जीवन का सहज-सुलभ 'दर्शन' है, ज़बान पर तुरत चढ़ जानेवाले बोल जो आमतौर पर देशज मुहावरों, कहावतों आदि के साथ न सिर्फ़ कविताओं और कहन में चार चाँद लगाते हैं वरन् 'लता जी' की आवाज़ की तरह ही सीधे दिल को छू जाते हैं, सिर्फ़ 'छू' भी जाते तो और बात थी, यहाँ तो वहीं 'बस' जाने की बात है। दरअसल जीवन की सच्चाइयाँ, जो तमाम ख़ूबसूरती के साथ-साथ अनेकानेक विद्रूपताएँ भी लेकर उपस्थित हैं, उन्हें जब कैलाश जी अपने शब्दों की अभिव्यक्ति से छूते हैं तो वह 'पाठकों के मन में' घर-सा बना लेती हैं, अगर सिर्फ़ उनके लिखे को पढ़ने का नशा होता तो भी कोई बात नहीं, क्योंकि 'नशे' का भाव अस्थायी होता है, सो उतरना भी लाज़िमी है, पर यहाँ तो सीधे-सीधे 'एकाकार' हो जाता है पढ़नेवाला उनकी रचनाओं के सम्पर्क में आकर, 'ऐसी रंग दे चुनरिया कि रंग नाहिं छूटे,' बिल्कुल इसी तरह की गुंजाइश और गुज़ारिश होती है 'कैलाश जी की कविताओं और उनके पाठकों के बीच।' भाषा की सहज बुनावट, बनावटीपन से कोसों दूर, कुछ भी 'आर्नामेण्टल' नहीं, कथ्य कभी 'शिल्प' का मोहताज होता प्रतीत नहीं होता बड़ी-से-बड़ी बात सादगी-संजीदगी से कहकर आगे निकल जाना। अपने समय को भरपूर जीते हुए जो भी कविताएँ, दोहे उन्होंने लिखे वे कहीं से 'आयातित' या 'ब्राण्ड' के मोहताज होते नहीं लगे, दूधनाथ सिंह जी कहते भी हैं 'जमात से बाहर का कवि', सीधा कहन-सादा रहन यही कैलाश जी की थाती रही, कविताएँ उनके लिए क्या महत्त्व रखती थीं, उन्हीं के शब्दों में-

'आलम्बन आधार यही है यही सहारा है'
कविता मेरी जीवनशैली जीवनधारा है'

एक सुखद बात यह भी कि तीन कविताएँ 'अमवसा के मेला, गुलबिया क चिट्ठी व कचहरी' छत्रपति शाहू जी महाराज के बी.ए. तृतीय वर्ष के पाठ्यक्रम में सम्मिलित कर ली गयी है, साथ ही साथ आज कैलाश जी पर विभिन्न विश्वविद्यालयों में शोध कार्य हो रहे हैं। हाथरस की कु. बौबी शर्मा को पी-एच.डी. अवार्ड भी हो चुकी है, मेरे जैसे न जाने कितने लोग होंगे जिन्होंने कैलाश जी की रचनाओं को सुना-गुना-बुना है, उनके लिखे एक-एक शब्द मिठास बनकर हृदय में घर करते रहे, व्यंग्य-विद्रूप, सत्य, हास-परिहास, संत्रास, दर्शन क्या-क्या लिखूँ, क्या नहीं महसूस हुआ उनकी रचनाओं (पद्य-गद्य) में, आज जब वह सब आप तक सौंपने का समय आया है तो मन और आत्मा असीम आनन्द और सन्तुष्टि के भाव से परिपूर्ण है, आपके उसी साथ समर्थन-स्नेह की त्रिवेणी इस संकलन, संयोजन को मिलेगी, इसका पूर्ण विश्वास है। साथ ही यह प्रयास मेरे अकेले का नहीं है, सर्वप्रथम आदरणीय दूधनाथ सिंह जी को नमन, जिनके स्नेह, मार्गदर्शन की वजह से यह हिम्मत बँधी कि इसे मैं कर सका, बड़े भइया यश मालवीय जी के आत्मीय सहयोग का अनन्त आभास श्री रमेश उपाध्याय (प्रूफ रीडर), श्री संगमलाल जी (कम्पोजर), प्रिय मित्र व मुद्रक अरिन्दम घोष का विशेष आभार, श्री रमेश ग्रोवर जी को बहुत-बहुत आभार जिन्होंने बराबर इसको बेहतर करने के लिए संवाद-बैठक करते रहे, और बहुत बड़ा सा 'थैंक्स' आमोद महेश्वरी जी को जिन्होंने मुझे न सिर्फ़ यह दायित्व सौंपा वरन् मुझ पर पूरा भरोसा बनाये रखा, उनका यह सहयोग मेरे लिये अविरल-आत्मीय पूँजी की तरह है, चलते-चलते-

हुआ है कोई ना तो होगा पिता तुम्हारे बाद
पल-पल तुमको याद कर रहा आज इलाहाबाद
'कविता का कैलाश हो तुम
ये दुनिया कहती है
तुमको पढ़-पढ़ मन की सारी
पीर पिघलती है
नहीं हो तुम पर कविताएँ तो करती हैं संवाद।।
स्मृतियों को सादर नमन।

जमात से बाहर का कवि | दूधनाथ सिंह

हिन्दी कविता में इन दिनों एक अद्‌भुत 'रीतिकाल' चल रहा है। अगर आचार्य रामचन्द्र शुक्ल के शब्दों से प्रेरणा ग्रहण करके कहें तो यह भी कह सकते हैं कि आधुनिक काल की छायावादोत्तर कविता में चलनेवाले 'रीतिकाल' का यह 'द्वितीय उत्थान' है। पहली बार रीतिकाल चला, जब अज्ञेय ने 'सप्तकों' (खासकर पहले तीन) के माध्यम से हिन्दी कविता को 'सम्भव बनाया।' (विजय देव नारायण साही : 'मछलीघर' का समर्पण)। निश्चय ही इन तीन सप्तकों में हिन्दी कविता के कुछ नये हस्ताक्षरों को समेटकर उन्होंने छायावाद के घटाटोप और प्रगतिवादी आन्दोलन की कठमुल्ला रूढ़ियों से हिन्दी कविता को मुक्त करने में अपना महत्त्वपूर्ण योगदान दिया। लेकिन उसके साथ ही एक दुर्घटना भी हुई। अज्ञेय के आकर्षक और मारक व्यक्तित्व ने अनुगामियों की एक पूरी भीड़ पैदा की। अपने इन्हीं अनुगामियों से ऊबकर उन्होंने नये लोगों के प्रति अपना वह प्रसिद्ध काव्य-गुच्छ लिखा था; 'आ, तू आ, मेरे पैरों की छाप पर, छाप छोड़ता-आ, तू आ।' इन पंक्तियों का ध्वन्यर्थ स्पष्ट है। अज्ञेय के अनुगामियों की यह पूरी भीड़ (फ़ौज नहीं) 'नयी कविता' पत्रिका के झण्डे तले इकट्‌ठी देखी जा सकती है, जो 'लघुमानव के बहाने हिन्दी कविता पर बहस' करती है और कविता में 'अर्थ का लय' खोजती है। अगर इनमें इकट्‌ठे सारे कवियों (कुछेक को छोड़कर, जिनकी कविता सुमित्रानन्दन पन्त के विचार में 'छायावाद का ही विस्तार' (छायावाद : एक पुनर्मूल्यांकन है) की कविताओं पर से उनके नाम हटा दें तो आप पहचान नहीं सकते कि कौन कविता किसकी है। सारी कविताएँ किसी की भी रचना हो सकती हैं। सब-कुछ सभी का है और किसी का भी कुछ नहीं है। बात और विचार (यदि वह है तो) और कहने का ढंग-सब एक ही है। उसी में सब 'निज-निज मति अनुसार' कोई नया बिम्ब, कोई नयी उदासी, कोई नया लघुमानवत्व, कोई अजूबी ग़रीबी, कोई नया सन्त्रास, कोई नयी अस्मिता और कुण्ठा का खेल रच रहे हैं। लेकिन अगर कवि नाम को हटा दिया जाय तो वह उनमें से किसी की भी काव्य सम्पत्ति या विपत्ति हो सकती है। इसी को मैं आधुनिक (छायावादोत्तर) हिन्दी कविता का 'रीतिकाल' (प्रथम उत्थान या पतन) कहता हूँ, जिसका सारा 'नखशिख' सारा 'नायिका भेद' सारा 'काव्य-निर्णय' एक है। उसी को हर कवि रगड़-घिस रहा है। एक

व्यक्तित्वहीन, चेहराविहीन कविता की भीड़-यही तो है किसी भी कविता का 'रीतिकाल'। रूढ़िग्रस्त, उबाऊ, नीरस, निरर्थक, जिसके लिए पन्त ने 'चिदम्बरा' की भूमिका में 'रीढ़हीन, आत्म सुख-दुःख के कर्दम में रेंगनेवाले लघु यथार्थ के कला-फेन की सृष्टि' कहा था। इसका सीधा अर्थ है कि ऐसी कविता में कवि के मौलिक और अद्वितीय व्यक्तित्व की छाप नहीं होती। आधुनिक हिन्दी कविता के इस प्रथम रीतिकाल को तोड़ने और बिगाड़ने का काम चाहे जैसे भी हो, सन् '60 के दौरान अकवितावादियों ने किया और अपनी दिग्भ्रमित ऊर्जा के भीतर से राजकमल चौधरी और धूमिल-जैसे ऊर्जावान्, प्रतिभासम्पन्न कवियों को पैदा किया। इसी पृष्ठभूमि में आगे चलकर गोरख पाण्डे और आलोक धन्वा-जैसे प्रतिभासम्पन्न, मौलिक कवि पैदा हुए जिनसे हिन्दी कविता का नया इतिहास रचता-बनता है।

कविता के 'रीतिकाल' का द्वितीय उत्थान (या पतन), जिसकी चर्चा से हमने अपनी बात शुरू की थी, सन् '80 के आस-पास शुरू हुआ। अब पता चला क्योंकि किसी भी बात के शुरू होने की सूचना साहित्य में तुरन्त नहीं मिलती। यह 'रीतिकाल' बड़े तेवर, बड़ी शालीनता और एक बेढब उदासी के रंग में रँगा हुआ सामने आया है। इसमें बड़े बनाव-शृंगार हैं, नये ढंग के प्रसाधन हैं, बड़ी-बड़ी बातों की धौंस है, कवियों का बड़ा राग-रंग है। अब के कवि कविता में विचार बहुत करते हैं और अब तो विमर्श भी करने लगे हैं। विचारधारा के नये लटके-खटके हैं। भारतीय मनुष्य और समाज और संस्कृति और इतिहास की बड़ी-बड़ी बातें हैं—वह मनुष्य और वह समाज और संस्कृति किस रूप में कविता में रूपान्तरित हुई है यह कोई नहीं जानता। यह बताना कविगण के कार्य-भार में शामिल नहीं है। लेकिन यही नहीं, छोटी-छोटी बातें भी हैं—चिड़ियाँ हैं, घोंसले हैं, ऊदबिलाव और पपीते हैं। कभी-कभी बादल भी आते हैं। लोहा दूसरों का है लेकिन उन पर धार अपनी चढ़ी हुई है। माँ और पिता और प्रेमिकाएँ और अनन्त स्त्रियाँ हैं। कभी-कभी रोटी बेलती, बच्चे पालती हुई पत्नी भी आधी रात नशे के झोंक में कवि महोदय को दिखायी दे जाती है। प्रजातन्त्र के बहुलतावाद में राजधानी के रंगमंच पर चुन्नटदार कुर्ता भी है और क्रान्ति का स्वप्न देखती अगम उदासी भी है। तो यह सब आधुनिक कविता के रीतिकाल के इस 'द्वितीय उत्थान' (या पतन) के 'नखशिख वर्णन' हैं। अगर इस कविता से स्वातन्त्र्योत्तर कविता का कोई नक्शा बनाना चाहें तो कुछ नहीं बनता। ये कविताएँ हमें अपने बनते-बिगड़ते समाज और जीवन के बारे में कुछ नहीं बतातीं। इनके केवल कविगण का झींकना समझ में आता है। आख़िर हमारे विकलांग प्रजातन्त्र की झाँकी कौन प्रस्तुत करेगा? हमारे ठोस और आमने-सामने के सामाजिक-राजनैतिक जीवन से उभरनेवाले वे कौन-से चरित्र हैं, कौन-सी बुनियादी संवेदनाएँ हैं जो इस 'झींकू शैली' की हदों से बाहर हैं और इस रूढ़िग्रस्त कवि-कथन की पकड़ में नहीं आतीं? पकड़ में नहीं आतीं

या साहस नहीं है या वे वस्तुस्थितियाँ काव्य-शिल्प के इन वास्तुकारों के सौन्दर्यशास्त्र की श्रेणी में नहीं आतीं, यह कहना कठिन है। हमारे उत्तर-मध्यकाल के कवियों का ध्यान भी इस बात पर कभी नहीं जाता था कि 'नायिका-भेद' से बाहर भी कोई संसार सम्भव है। यह तो बाद में पता चलेगा कि ऐसी विमर्शवादी कविताएँ हिन्दी कविता के इतिहास में नगण्य और 'ट्रैजिक' होने के लिए विवश हैं।

(2)

इस तरह के माहौल में एक ऐसे कवि के बारे में बात करना जो इस पूरी जमात से बाहर हो, थोड़ा कठिन है। और फिर जब वह कवि इस जमात के ठाट से ही अलग नहीं, उनके बाट से भी दूर अपनी निजी पगडण्डी पर खड़ा है। लेकिन ठीक इसी वजह से तो उस पर नज़र गयी। **कैलाश गौतम कोई दुधमुँहे कवि नहीं हैं कि उनका परिचय देना ज़रूरी हो।** लेकिन जो कवि कविता के फ़न और फ़ैशन से बाहर खड़ा हो उससे लोग परिचित होना भी ज़रूरी नहीं समझते। क्योंकि अक्सर लोगों का ध्यान तो सौन्दर्यशास्त्र की बनी-बनायी श्रेणियाँ खींचती हैं। कैलाश गौतम उस खाँचे में नहीं अँटते। वह खाँचा उनके काम का नहीं है या वे उस खाँचे के काम के नहीं हैं। इसका सीधा मतलब है कि **यह कवि अपनी कविताओं के लिए एक अलग और विशिष्ट सौन्दर्यशास्त्र और सौन्दर्यदृष्टि की माँग करता है।** आख़िर कविता की ऊब के इस माहौल में हमारी नज़र किसी कवि पर क्यों जाती है? क्योंकि वह जीवन को समझने की एक नयी कला, एक सर्वथा नयी दृष्टि, एक सर्वाङ्ग अछूते, ताज़े और अनहोने सौन्दर्य की सृष्टि अपनी रचनाओं से करता है। वह चलन से बाहर कविता का एक नया विधान, एक निजी और मात्र निजी ठाट रचता है। कैलाश गौतम को बार-बार पढ़ते हुए या पढ़े जाने के बाद वह बात पकड़ में आती है। बार-बार पढ़ना इसलिए ज़रूरी नहीं होता कि उनकी कविता कठिन या अमूर्त या दूर की कौड़ी है। बल्कि वह इतनी निजी, इतनी अपनत्वभरी, इतनी सहज परिचित और सघन सच्चाई से इतनी भरी-पूरी लगती है, इतनी रस-बस जाती है कि पाठक और कवि (या कविता) के बीच रिश्ता बनाने के लिए अलग से कोई कसरत नहीं करनी पड़ती। बड़ी कविता इसी तरह हमारी सबकी अपनी हो जाती है। कबीर या तुलसीदास, निराला या नागार्जुन की पंक्तियों को हम महसूस करते हैं, उन पर सोच-विचार बाद में। यह तब होता है जब कोई कवि फ़न और फ़ैशन से अलग अपनी जातीय परम्परा के संस्कारों का मौलिक और सच्चा प्रतिनिधि बनकर हमारे बीच अनजाने ही उपस्थित होता है। कैलाश गौतम के सन्दर्भ में कुछ लोगों को यह बड़बोली लगेगी लेकिन वे, वे लोग होंगे जो या तो कवि के मुक्त और सैलानी ठाट से परिचित नहीं होंगे, या कविता की प्रचलित

सौन्दर्यशास्त्रीय श्रेणियों के बोझ तले बुरी तरह दबे होंगे। लेकिन कोई भी कविता हमारे ऊपर अपना रंग आखिर क्यों जमा लेती है। जब वह हमारा अतिपरिचित सत्य एकाएक हमारे सामने खोलकर रख देती है। जीवन और समाज और इतिहास की सच्चाइयों के लिए जो प्रमाण हम खोजते-फिरते हैं, या जो हमारी नज़रों से ओझल होता है, उसी का दिख जाना या खुल जाना या प्रकट हो जाना एक कला-रचना को सर्वसम्मत बनाता है। कविता में जब इधर बहुत 'आँय-बाँय-शाँय' हो रहा है, कैलाश गौतम बिना किसी बनावट के, एक सहज सहजता के साथ आज़ादी के बाद की उभरी हुई विकृत सच्चाइयों का प्रमाण अपनी कविताओं के माध्यम से हमारे सामने प्रस्तुत करते हैं। जब सभी कवि भारतीय स्वतन्त्रता के बारे में उत्तरआधुनिक विमर्श में जुटे हैं, कैलाश गौतम आज़ादी के बाद उभरनेवाले भारतीय चरित्रों का चित्र हमारे सामने प्रस्तुत कर रहे हैं। भारतीय चित्रपट पर वे चरित्र कौन से हैं जो आजादी के बाद उभरे या रूपान्तरित हुए हैं? पटवारी है जो 'लेखपाल' के रूप में, आज़ादी के दौरान स्कूल-कॉलेज छोड़कर, गाँधी जी के आह्वान पर स्वतन्त्रता संग्राम में कूद पड़नेवाले नौजवान विद्यार्थी हैं जो 'बच्चू' के रूप में, प्रेमचन्द का सूदखोर झिंगुरी साहु है जो 'गुपतेसरा' के रूप में, सेवा दल के पुराने भाई जी अब नये 'भाई जी' के रूप में, पुरानी सत्ता नये 'राजा जी' के रूप में, प्रेमचन्द का पंच परमेश्वर 'कचहरी पाँड़े' के रूप में, आज़ादी की लड़ाई के दिनों में लगनेवाला कर्फ़्यू अब साम्प्रदायिक दंगों में के 'कर्फ़्यू' के रूप में, सीटू, इण्टक से निकलनेवाले डाँगे, रणदिवे अब 'रामनगीना' के रूप में-कहने का मतलब है कि राजनीति, इतिहास और संस्कृति-साहित्य के वे सारे प्रतीक या तो पूरी तरह से अपने नये रूपों में प्रकट हो रहे हैं या उन्होंने नये प्रतीकों की सृष्टि कर दी है। मैथिलीशरण गुप्त की कविता की वह पंक्ति :

अहा, ग्राम्य जीवन भी क्या है।
क्यों न इसे सबका मन चाहे

अब इस कवि के समय और ऐतिहासिक परिदृश्य में जिस तरह से प्रकट हो रही है वह अभूतपूर्व, अकल्पनीय परिवर्तन है :

गाँव गया था
गाँव से भागा
सरकारी स्कीम देखकर
बालू में से क्रीम देखकर
नेता की दालान देखकर
मुस्काता शैतान देखकर

नये धनी का रंग देखकर
पुलिस चोर के संग देखकर
नये-नये हथियार देखकर
झूठ की जै-जैकार देखकर
पड़ी पेट पर लात देखकर
मैं अपनी औकात देखकर
गाँव गया था
गाँव से भागा।

इस शताब्दी के आरम्भ में गुप्त जी के 'अहा' का अर्थ यों बदला है। तब एक कवि की औकात यह लिखने की थी :

अधिकार खोकर बैठ रहना यह महा दुष्कर्म है
न्यायार्थ अपने बन्धु को भी दण्ड देना धर्म है।

शताब्दी के अन्त में स्वर कितना बदल गया है। जो हथियार वहाँ हैं, 'न्यायार्थ' नहीं हैं। जो योजनाएँ हैं वे नौकरी पेशा ब्यूरोक्रेसी का घर भरने के लिए हैं, वह नौकरशाही जो बालू में से भी क्रीम निकाल लेती है। दालानों में 'मुस्काते शैतान' बैठे हैं। ये वे स्थितियाँ हैं जो प्रेमचन्द के चरित्रों का अगला क़दम हैं। कविता में यह चरित्र-सृष्टि लगभग ग़ायब हो चुकी है। सिवा मुक्तिबोध, निराला और अज्ञेय के अब हिन्दी कविता चरित्र-सृष्टियों से शून्य हो गयी है। और इन तीनों की चरित्र-सृष्टियाँ भी फैण्टेसी, मिथ या पुराणकथाओं (ब्रह्मराक्षस, राम की शक्तिपूजा, असाध्यवीणा) से लग गयी हैं और उसी काव्य-वस्तु का अन्तर्गुम्फन उन कविताओं में हुआ है। **इस अर्थ में यह कवि प्रेमचन्द की चरित्र-सृष्टियों के ज्यादा निकट है या यों कहें कि उस परम्परा में खड़ा दिखता है।** एक तरह से आज़ादी के बाद प्रेमचन्द की चरित्र-सृष्टियाँ किधर को जातीं, कैलाश गौतम की कविताएँ उस बदलते हुए नक्शे का मौलिक, खरा और सच्चा रेखांकन करती हैं। गद्य के इस विस्तृत फलक को, आज़ादी के बाद आज़ादी की विकृति को गद्य से हटकर कविता में चित्रित करनेवाला यह पहला कवि सच्चे मायनों में प्रेमचन्द का उत्तराधिकारी है। **इस तरह यह कवि हिन्दी में पहली बार कविता के भूगोल को विस्तार देनेवाला कवि है। कहाँ हैं वे कामरेडनुमा कविगण, कहाँ हैं वे राष्ट्रीय धारा के समर्थक बकवादी और कहाँ हैं वे झींकूवादी लोग जो कविता के प्रतिनिधित्व का दम भरते हैं? क्या वे इस समाज और देश में नहीं रहते? क्या वे उन्हीं गाँवों से नहीं आये हैं जिनके चित्रणों से इस संग्रह की कविताएँ भरी पड़ी हैं?** एक गोरख पाण्डे या धूमिल या आलोक धन्वा के अतिरिक्त कोई नहीं बचता दिखायी देता जो यह उत्तर दे सके कि

'हाँ, मैं भी हूँ जो कविता के इस नये, सहज और अनहोने मर्म से परिचित हूँ।' उन्हें तो उत्तरआधुनिक पोटाश चाहिए जिससे वे कृत्रिम रूप से फल-फूल सकें। उन्हें पृथ्वी को बचाने की चिन्ता ज्यादा है, अपनी धरती, अपने लोगों और अपनी आज़ादी को नहीं। बीच-बाज़ार में 'बड़न-बड़न का साथ' करनेवाले लोग हैं ये, साम्राज्यवाद की इजारेदारी के प्रवक्ता, जो उदासी के हथियार से काम करते हैं। ये सब निगल लिये गये लोग हैं जो समझते हैं कि कुछ मौलिक बोल रहे हैं। इसी माहौल में यह कवि अपना रास्ता बनाता है।

कवि की ये चरित्र-सृष्टियाँ कविता के दृश्यपटल पर उसे एक सर्वथा मौलिक कवि के रूप में उतारती हैं। उसके यहाँ कविता विचार की मुद्रा या सोचने का बहाना नहीं है। बल्कि वहाँ हमारा जीवन मूर्त और ठोस और लोहे की तरह ठनठनाता हुआ बजता है। कुछ भी अपरिचित नहीं है लेकिन यही वास्तविक परिचिति तो हिन्दी कविता में ग़ायब थी। इसी को मैं सतह के भीतर की अन्तर्ध्वनियाँ कहता हूँ। एक सच्चा कलाकार हमेशा, हर युग में वहीं अपने को केन्द्रित करता है। और जब-जब करता है तो 'सहृदयों' को झटका लगता है क्योंकि तब तक की उनकी 'सहृदयवृत्ति' में इन सच्चाइयों के लिए जगह नहीं बनी होती :

कोई नहीं छोड़ता कुर्सी जान से प्यारी है
जान से प्यारी है कुर्सी ईमान से प्यारी है
कोई अपनी गोद में कुर्सी दाबे बैठा है
दाबे बैठा है तो कोई चाँपे बैठा है
दाबो चाहे चाँपो भाई यह तो जायेगी
कुर्सी का इतिहास यही कुर्सी दुहरायेगी।

अथवा

कचहरी हमारी तुम्हारी नहीं है
कहीं से कोई रिश्तेदारी नहीं है
अहलमद से भी मेरी यारी नहीं है
तिवारी था पहले तिवारी नहीं है।
कचहरी की महिमा निराली है बेटे
कचहरी वकीलों की थाली है बेटे
पुलिस के लिए छोटी साली है बेटे

खुलेआम कातिल यहाँ घूमते हैं
सिपाही दरोगा चरण चूमते हैं
यहाँ झूठ की ही कमाई है बेटे
यहाँ झूठ का रेट हाई है बेटे।

चाहे सत्ता की कुर्सी हो या नौकरशाह की या पंचायतघर की, उस पर कब्ज़ा सिर्फ़ कुर्सी पर ही कब्ज़ा नहीं है, कुर्सी की सुविधा रोब गाँठने से लेकर कानून छाँटने, अधिकार बाँटने और अपने तथा अपने दलालों का घर भरने की सुविधा है। क़ुर्सी कमाई का 'शार्ट-कट' रास्ता है, कुर्सी हर तरह के कुकर्म को ढाँकने-तोपने का माध्यम है। लेकिन कवि के पास इस वर्णन में ही कुर्सी की इति-श्री नहीं है। कुर्सी एक तपते हुए सत्य की ओर भी इशारा करती है। कुर्सी एक विचार भी है। जब रहीम ने 'कमला थिर न रहीम कहि' कहा था तो उस कुर्सी से निकलनेवाली लूट की ओर इशारा किया था लेकिन जब ग़ालिब ने ढहते हुए मुग़ल साम्राज्य को लक्ष्य करके कुर्सी के बारे में एक तपता हुआ सत्य कहा था तो वह मग़रूर सम्राटों के लिए एक चेतावनी थी :

सल्तनत दस्त-व-दस्त आयी है
जामे-जम ख़ातमे जमशेद नहीं।

सल्तनत हमेशा एक हाथ से दूसरे में जानेवाली है। वह शराब का प्याला है, बादशाह जमशेद के हाथ की अँगूठी नहीं जिसे कोई और निकालकर नहीं पहन सकता। लेकिन सत्य की इसी अन्तर्ध्वनि को जब कैलाश गौतम कहते हैं तो कुर्सी का सारा नक़्शा आज की प्रजातान्त्रिक सरकारों के ढाँचे में बोलने लगता है। न तो वह सामन्ती दौर की लक्ष्मी है जिसका चरित्र चंचल है, न वह ढहते हुए सामन्त वर्ग को सम्बोधित करने और चेतानेवाले तिर्यक् कथन, उस आदमी के द्वारा जो वादारव्वार होते हुए भी वली का दर्जा तो रखता ही था। यह तो एक आधुनिक कवि की तुर्शी और व्यंग्यभरी वाणी है जो इस कविता का अन्त कुछ यों करता है :

सच पूछो तो यह कुर्सी बढ़ई की गलती है
दुनिया की छाती पर मूँग बराबर दलती है

सामान्य श्रोता को इस कथन में एक हल्का-सा हास्य नज़र आयेगा लेकिन इसमें एक गहरा व्यंग्य छिपा हुआ है। अगर तुम समझते हो कि इस सुन्दर दुनिया को बनानेवाले ने सिर्फ़ तुम्हें ही यह हक़ दिया कि इसका उपभोग सिर्फ़ तुम्हीं करो, और कोई न करे तो तुम ग़लती पर हो। इस संसार पर सभी का हक़ बराबर है। तिर्यक् भाव से कवि यह कहना चाहता है कि यह गलती तुम्हारी है, न कि संसार को रचनेवाले की, जिसके मत्थे तुम अपनी सुख-सुविधाओं के छिन जाने का दोष मढ़ रहे हो।

इसी तरह न्यायपालिका भी सत्ता का एक संस्थान है, एक माध्यम है जिसके द्वारा सत्ता में काबिज लोग अपना कब्जा बनाये रखने के लिए कानून, संविधान, नियम और पुलिस और फ़ौज जेलें बनाये रखते हैं। न्याय किसी भी विषम समाज में झूठ की पर्दादारी करता है। वह सत्ता का एक हथियार है और बहुत ज़बर्दस्त हथियार है। उसके नियमों की व्याख्याएँ अपने-अपने हिसाब से हैं और हमारे जनतन्त्र में तो हर पक्ष उसके एक-एक कानून में बाल की खाल निकालने का काम करता है। धीरे-धीरे उसकी आड़ लेकर उसी गटर में हमारे समाज का एक बहुत बड़ा हिस्सा ग़लग़लाकर गिरता जा रहा है। कुछ-कुछ 'सीवर-लाइन' जैसा दृश्य है कचहरी और न्यायपालिकाओं का। इन्हीं सच्चाइयों को एक किसान अपने पूर्व-अनुभवों को अपने बेटे के सामने बयान करता है, उसे बरजता है। क्या न्याय से वर्जना उचित है?-अगर कोई यह सवाल उठाता है तो उसका जवाब कुछ-कुछ यों होना चाहिए कि क्या भेड़ की खाल में भेड़िये का आना उचित है?

इस तरह हम देखते हैं कि समकालीन कविता में कैलाश गौतम की कविताएँ एक नवोन्मेष हैं। दरअसल कविता में ये चरित्र-सृष्टियाँ एक तरह की काव्यबद्ध (सिर्फ़ छन्दबद्ध नहीं) लघु कथाएँ हैं। इस **कवि के अलावा हिन्दी की समकालीन कविता में इस नये विधान का इस्तेमाल किसी कवि ने नहीं किया।** उन महान बुद्धिजीवियों का ध्यान इधर नहीं गया या अपने कवि-कर्म के लिए वे इस नवोन्मेष को अखाद्य मानते हैं, इसके बारे में कुछ भी कहना मुश्किल है। इसी तरह की काव्यबद्ध लघु कथा का उत्कृष्ट उदाहरण है कवि की एक कविता-'राम नगीना'

राम नगीना सोच रहे कल क्या-क्या करना है
मीटिंग रक्खी है, बिजलीघर देना धरना है
बालू की सप्लाईवाला टेण्डर भरना है।

तड़के उठना तेल भराना थाने जाना है
जैसे भी हो केस न उभरे केस दबाना है
चन्दा लेना मंच बनाना गेट बनाना है
माइकवाले से कहना है जल्दी आना है
चीनी का परमिट लेना है पैड छपाना है
स्कूली लड़कों से मिलना उन्हें पटाना है

बम बजवाना है घण्टाघर बस फुँकवानी है
हर हालत में अपने माफिक हवा बनानी है

कब आती दिल्ली की गाड़ी पता लगाना है
आयेंगे नौरासी नेता टेसन जाना है
टेसन से लेना है उनको शहर घुमाना है
जमकर उनके स्वागत में नारे लगवाना है

कहते हैं नौरासी तुम दंगा करवा दो जी
मुँह मत देखो गाय कहीं खुद ही मरवा दो जी
मारा-मारी, छीना-झपटी, धक्की-धक्का है
फिर भी भाई टिकट तुम्हारा अबकी पक्का है
मजदूरों के नेता राम नगीना सोच रहे
टेबुल पर मुर्गा रक्खा है, मुर्गा नोच रहे।

इसी को इतिहास की रूढ़ियों से बाहर जाकर इतिहास के भीतर आना कहते हैं। पचास साल पहले के मजदूर आन्दोलनों के इतिहास और मजदूर नेताओं के चरित्र के नपने से इस कविता को परखें और 'राम नगीना' को देखें तो कुछ अजगुत लगेगा। लेकिन जब आज़ादी के बाद के मजदूर आन्दोलनों और नेताओं के चरित्र में आयी हुई विकृतियों को आँकें तो 'राम नगीना' का चरित्र उसका सच्चा प्रतिनिधित्व करता है। इतना ही नहीं, यह कविता अपने-आप में हमारे विकलांग प्रजातन्त्र का एक नया इतिहास रचती है। नवोन्मेष और कविता में नवोन्मेष और किसको कहेंगे? क्या निरी अलंकृति को? या दूर की कौड़ी को या विदेशी आयातित माल को? या कविता की खूबसूरत पैकेजिंग को? या कवि जी की उदास मुद्रा की नरम-नरम अभिव्यक्ति को? या फ़िलॉसफी छाँटने को? किसको?

चाहे वे गाँवों में उगनेवाले सूदखोर हों, गुण्डे हों, भाई जी लोग हों, ग़ायब हुई वासना की शिकार औरतें हों, नये राजा जी लोग हों, कचहरी पाँड़े हों (पँडिया, कवन कुमति तुम लागे-कबीर), लेखपाल जी हों, या करोड़ों बेरोज़गार पढ़े-लिखे नौजवानों के प्रतिनिधि बच्चू बाबू हों-यही तो हैं वे यथार्थ की अन्तर्ध्वनियाँ जो समकालीन कविता में एक सिरे से ग़ायब हैं और इस कवि की कविताओं में बोलती हैं। इसलिए मैंने कहा कि यह कवि आज की कविता (उसकी रूढ़ियों और नाकामयाबियों) से बाहर का कवि है-उनकी जमात से बाहर का कवि लेकिन सच्चा और मौलिकता से सम्पन्न। बेरोज़गार पढ़े-लिखे युवक जिस तरह तबाह और एकान्तीकृत होकर आज हमारे समाज में अपराध और लम्पटता की दुनिया में प्रवेश कर रहे हैं उसी का सच्चा प्रतिनिधित्व करती है गौतम की कविता 'बच्चू बाबू' :

बच्चू बाबू एम.ए. करके सात साल झख मारे
खेत बेचकर पढ़े पढ़ाई उल्लू बने बिचारे
कितनी अर्जी दिये न जाने कितना फूँके-तापे
कितनी धूल न जाने फाँके कितना रस्ता नापे
खून गरम हो गया एक दिन कब तक करते फाका
लोक-लाज सब छोड़-छाड़कर लगे डालने डाका
बड़ा रंग है, बड़ा मान है, बरस रहा है पैसा
सारा गाँव यही कहता है बेटा हो तो ऐसा।

यानी तकलीफ़देह बात यह है कि अपराध से भी पैसा आ रहा हो तो वही बेटा लायक है। इसी को एक ज़माने में विष्णु शर्मा ने कहा था कि 'यस्यास्ति वित्तं स नरः कुलीनः'। ऐसे कुलकलंक कुलीन तो आज हमारी पूरी नौकरशाही में भरे पड़े हैं। भ्रष्टाचार और अनाचार के चेहरों के कितने मुखौटे हैं, यह हम सब जानते हैं लेकिन कवि की उँगली उस अर्थतन्त्र और वर्तमान शिक्षा-प्रणाली की उस निपट निरर्थकता पर है। यह रंग और मान और बरसता हुआ पैसा-सबका स्रोत कहाँ है, कवि का इशारा उस तरफ़ है। कविता के ऊपरी ठाट में जो सहजता और व्यंग्य और हँसी है वह कैसी ग्लानिमय है-यही कवि का उद्‌देश्य है।

(3)

भाषिक संरचना के सम्बन्ध में एक कवि की सबसे बड़ी सफलता यह है कि उसे अपनी जनता की बोली-बानी से अलग या दूर न जाना पड़े। यह कठिन काम है। लगभग दुर्लभ है। कुछ बड़े कवि ऐसे भी होते हैं जो अपनी कविता या सम्पूर्ण रचना की भाषा को अपनी जातीय संस्कृति और बोलचाल की भाषा में बदल देते हैं। रवीन्द्रनाथ ठाकुर द्वारा प्रवर्तित 'साधु बांग्ला' आज सम्पूर्ण जाति की निजी बोली-बानी है। लेकिन किसी जाति के मानस और उसके कवि द्वारा प्रवर्तित भाषा की यह आवाजाही भी रवीन्द्रनाथ के अलावा संसार में लगभग दुर्लभ है। होता यही है कवि-कलाकार अपनी जनता की बोली-बानी, उसकी सहज चलन, उसके मुहावरे, उसकी कहन और भाषिक मुद्राओं तक जाते हैं क्योंकि उसी में उनके जातीय जीवन का ठाट बसता है। जब भी कविता या गद्य या अन्य कलाएँ अपनी भाषिक मुद्राओं से अलग हो जाते हैं या जबरन अलग ले जाने जाते हैं उनका प्राण-रस सूख जाता है। शब्द अर्थ देते हुए भी अर्थहीन हो जाते हैं। सिर्फ़ व्याकरण रह जाता है, 'भाषा' ग़ायब हो जाती है। ऐसी भाषिक संरचना सिर्फ़ उत्खनन में मिला प्रमाण-तत्त्व होती है, कला-तत्त्व उसमें

से ग़ायब हुआ रहता है। कविता में या किसी भी शाब्दिक कला-संरचना में इसी को हम 'भाषा का रीतिवाद' कहते हैं। आख़िर निराला अपनी अन्तिम कविताओं के आस-पास की उस कविता में भाषा के साथ क्या करना चाहते हैं। वे छोटी बालिकाओं के एक बाल-नृत्य के वक्त दर्शकों की अग्रिम पंक्ति में बैठे हैं। एक कवि-मानस उस भोली-भाली थिरकन को लय की कविता में ढालना चाहता है-नृत्य की थिरकती हुई लय का शब्द-चित्र :

मेटिनी वाली, वारी दे वारी धना,
मुझे तार दे ताली से तारी धना!
तुझे ग़ुल की ख़बर, मेरा बुलबुल समर
आया डाली से, डाली के नीचे उतर
तेरे काँपे में आ के फँसाये हैं पर
कहीं कोई तो होता जो ऐसा बना?
नाची क्या अप्सरा कोई जैसा कि तू
भाव के हाथ-पाँवों के चाले तलू
चली गर्दन, कमर कैसी-कैसी भी रु:
कोई रह न गया, न हुआ जो सना।

कवि को इसी तरह किसी काव्य-वस्तु के मर्म तक जाना चाहिए। इसमें नृत्य की लय का जैसे भाषा में श्रृंगार है। नृत्य संगीत जो कि शाब्दिक अर्थ से बाहर की कलाएँ हैं-इस चुनौती के सामने निराला का कवि खड़ा है। और हम देखते हैं कि नृत्य की लय, उसकी थिरकन कविता की भाषा के साथ एकाकार हैं। यहाँ तक कि इस कविता की ध्वनि-संगति पर हम उस नृत्य को पुनर्जीवित कर सकते हैं। इसी को कवि भवानी प्रसाद मिश्र ने यों कहा है :

जिस तरह हम बोलते हैं
उस तरह तू लिख
और उसके बाद भी
हमसे बड़ा तू दिख।

एक बड़ा कवि यही करता है। सारे कवि भाषा के इसी मर्म की ओर धीरे-धीरे लौटते हैं-चाहे ग़ालिब हों या फ़ैज, जायसी या तुलसीदास हों, रवीन्द्रनाथ हों या जीवनानन्द दास, नागार्जुन हों या शमशेर या रघुवीर सहाय। अगर शब्द-संरचना को जीवित रखना है तो इस तरफ़ लौटना ही होगा।

कैलाश गौतम की क्या स्थिति है। ऐसा लगता है कि काव्यभाषा की खोज जैसी चेतना की ज़रूरत भी यह कवि महसूस नहीं करता। वह इतनी सहजता से उसके भीतर रसी-बसी है, इतनी आयासरहित है कि अगर यह बात उससे की जाय तो वह हँसेगा या अचम्भे से आपका मुँह ताकेगा। तुक और लय और शब्द और मुहावरे और भाषा की स्वाभाविक हरकतें सब-कुछ अपने-आप आते-जाते हैं। उन्हें पाने और रचने का अतिरिक्त आनन्द यानी सर्जना के अतिरिक्त आनन्द से भी कवि को कुछ लेना-देना नहीं है। वह इस ओर से बेफ़िक्र और निर्विकार लगता है जिसे निराला ने अपनी अन्तिम कविता में कुछ इस तरह कहा है-'सिद्ध योगियों जैसे या साधारण मानव'। **तो भाषा की यह अनायास सिद्धि कैलाश गौतम को एक बड़े कवि बनने के निकट ले जाती है।** बिल्कुल आमफ़हम, हमारी ज़बान पर चढ़ी हुई, निरायास, रोमान्स और तनावरहित, अर्थ से खलबलाती हुई, कुछ-कुछ सीधी और सपाट। इसी भाषा का उपयोग कैलाश गौतम करते हैं। उनकी भाषा इतनी सुपरिचित और सर्वजन सुलभ है कि उनकी कविताओं को अपना पाठक और श्रोता खोजने जाने की ज़रूरत भी नहीं पड़ती। वे बड़े-से-बड़े ऐंठू बौद्धिकों के भीतर भी मिल जायेंगे और हर नुक्कड़, हर गली-सड़क, खेत-खलिहान, हर तपते के इर्द-गिर्द। **इस तरह से देखें तो अपनी कविता के लिए श्रोताओं और पाठकों का जितना बड़ा संसार कैलाश गौतम को उपलब्ध है उतना हिन्दी में आज दूसरे किसी भी कवि को नहीं।** यह झींकूवादी कवियों के लिए तो दुर्लभ है जो 'गोष्ठियों' में काव्य-पाठ करते हुए अपनी हर पंक्ति पर मूँड़ी उठाकर 'समझे कि नहीं' वाली संशयभरी आँखों से 'वाह' की याचना करते हुए दिखते हैं। कैलाश गौतम का काव्य-पाठ उनके लिए ईर्ष्या का विषय हो सकता है लेकिन उनकी अपनी कविता की पहुँच से वह हमेशा बाहर रहेगा। एक बार जब मैंने एक महा हरामी, ठग, उजड्ड, नीरस और बेरहम आदमी को कैलाश गौतम से कविता सुनाने का आग्रह करते देखा तो मैं झन्त हो गया। उस आदमी को इस कवि की कविताओं से कोई विशेष लगाव-जुड़ाव हो, ऐसा नहीं। वह निरा गद्यात्मक, डंका बजाकर जनता को लूटनेवाला चोर, वह हत्यारा, जो कहा करता था कि आदमी को मारने के बाद मैं आराम से हाथ धोने जाता हूँ, फिर अगर आदमी जहाँ मरा पड़ा है, उसके आस-पास कोई ढाबा हो तो निश्चिन्त बैठकर वहाँ चाय पिऊँगा-वह इस कवि से कविता सुनाने के लिए लगभग चिरौरी कर रहा था।

...सवाल यह है कि कैलाश गौतम की कविताओं में वह क्या चीज़ है जो एक किसान, मिल मज़दूर, मध्यवर्ग के बौद्धिक ठनकवाले लुच्चों, स्त्रियों (जबकि यह कवि हिन्दी का सबसे बड़ा सूखा और रोमान्सहीन कवि है), किशोरों, अधेड़ों, बूढ़ों और यूनिवर्सिटी के नौजवानों-सभी को समान रूप से प्रिय है? क्या वह उनकी

अपनी बोली-बानी मात्र है इसलिए? नहीं, अपनी बोली-बानी में वह अपनी ही बात का ठाट है जो कविता में रचा हुआ अचानक उनके सामने प्रकट हो जाता है। कितने कवि सामंजस्य के इस दुर्लभ ठाट को पा-पाते हैं। कैलाश गौतम की कविता समकालीन कविता की बौद्धिक मुद्राओं और मंचीय कविता के गलदश्रु रोमान्स दोनों से मुक्त है। कैलाश गौतम मंच के कवि नहीं हैं। वे श्रृंगार करके, आवाज़ में ज़बर्दस्ती रस भरकर, माइक के पास-दूर अपना थोबड़ा ले जाकर सुर नहीं लेते, अपने नैन मूँद खोलकर दर्शकों का ज़ायज़ा लेते हुए मुनमुनाते-गुनगुनाते नहीं, वे आधे नचनियों की तरह जुल्फें लहराते हुए शब्दों को चबा-चबाकर ख़ुद ही उनका रस चर्वण करते हुए श्रोताओं के धैर्य की परीक्षा नहीं लेते। कैलाश गौतम एक ठेठ और अनाम किसान की तरह मंच पर आते हैं और देखते-ही-देखते मंच मार लेते हैं। कैलाश गौतम अपनी ही कविता पर ठठाकर हँसते हैं और फिर लजा जाते हैं। इस निपट संकोच के भीतर ही कवि-व्यक्तित्व की सुसंस्कृत अन्तरात्मा को लक्ष्य किया जा सकता है जहाँ वह अपने सामाजिक-सांस्कृतिक-ऐतिहासिक पट-परिवर्तन की इतनी विकृत तस्वीर को व्यक्त करके ख़ुद ही संकुचित हो उठता है। भाषिक संरचना और कवि स्वभाव का यह कबीराना ठाट हिन्दी कविता में फिलहाल दुर्लभ है।

फिर भी कैलाश गौतम की कविताओं में विवरण या इतिवृत्त का आग्रह ज़रूरत से कुछ ज़्यादा है। इतिवृत्त में विषयगत भिन्नताओं के बावज़ूद अपने ठाट और कथन-शैली में दुहराव है। कवित्व इन विवरणों में से ही विकसित होता है। संकेत और व्यंग्य शब्दों और मुहावरों के अन्तस् में खेलते हैं, बिम्बों का दबाव अथवा उनके अर्थ-विस्फोट से कविता नहीं बनती। इस रूप को जब हम देखते हैं तो कभी-कभी लगता है कि कविता अपनी परम्परा में पीछे की ओर लौटती हुई मैथिलीशरण गुप्त या बालमुकुन्द गुप्त की कहन-शैली के भीतर अपनी निरन्तरता और कथ्य के स्वरूप को खोज रही है। अगर हम कैलाश गौतम की हिन्दी कविता को परम्परा से जोड़ना चाहें तो यह कह सकते हैं कि वह मैथिलीशरण गुप्त, दिनकर, भवानी प्रसाद मिश्र और रघुवीर सहाय से अपने को सम्बद्ध होती पाती है। लेकिन कथ्य के स्तर पर एकदम अलग वह आज़ादी के बाद के भारतीय जीवन का एक सामाजिक इतिहास रचती नज़र आती है। कवि-कर्म को जीवन की वास्तविक धरती पर उतारने का एक सफल उपक्रम प्रस्तुत करती है। एक दुर्लभ, अछूते और ताज़गी-भरे नये संसार की रचना करती है। यही हाल कविता में प्रयुक्त छन्दों का भी है। पारम्परिक मात्रिक छन्दों की परिधि में आते हुए भी कवि द्वारा प्रयुक्त छन्द भोजपुरी अंचल की लोक-धुनों की लय को सँजोये हुए हैं। जोगीड़ा, कबीर, धुधका, बिरहुला, नट, चाँचर जैसे लोक छन्दों का आग्रह ज़्यादा है। और आश्चर्य की बात तो यह है कि कहीं भी मात्राओं का अनुशासन टूटता नहीं। अतः

कैसे भी पढ़ें कविता में छन्द भंग का सन्देह नहीं होता। पानी की लहर की तरह पंक्तियाँ एक दूसरे के संग सजी हुई हैं। हिन्दी कविता के आज के छन्दहीन छन्द में लय की यह संगति और विवरणों या इतिवृत्तियों का ही उलटकर बिम्बों में परिवर्तित हो जाना इस कवि की कला है। कविता की इसी जन-सम्पृक्तता और सहज सहजता (सरल नहीं) के लिए निराला ने एक जगह कहा है–

सहज सहज पग धर आओ।

1–10–2000

इलाहाबाद

सबसे मीठा बोल गीत है | धर्मवीर भारती

पिछले लगभग पैंतीस-चालीस वर्षों से हिन्दी कविता एक अजीब-से दौर से गुजर रही है, जिसमें बहस-मुबाहिसे, वाद-प्रतिवाद वादोत्तर वाद हैं या वर्ष गिन-गिनकर कविता को वर्गीकृत करने की कोशिश ज्यादा रही है। पहले प्रगतिवाद की धौंस, फिर प्रयोगवाद की चर्चा, फिर दोनों को नकारकर नयी कविता में एक नये स्तर पर सृजनात्मकता को समाहित करने की चेष्टा, फिर उसके बाद उसको नकारकर अकहानी और अकविता का उभार, फिर आधुनिकतावाद, फिर गुटबन्दी-प्रधान जनवाद और आधुनिकोत्तर वाद। पैंतीस-चालीस वर्षों से मचनेवाले इस शोर के कारण कवियों की हर नयी पीढ़ी मुट्ठी भर कविताएं देकर फिर इस झमेले में फँसती गयी और यह झमेला इतना पुरशोर था कि यही सवाल उठने लगा कि "इस शोर में नग्मों की हकीकत कितनी?" सूक्ष्म मानवीय संवेदनाएँ, किशोर हृदयों की धड़कनें, फूलों की नरम छुअन, चाँदनी रात की रूमानियत, वसन्त का खुमार, पतझड़ की उदासी, नारी सौन्दर्य की पावन मंजुलता, सब-कुछ जैसे खो गया। ये तो शाश्वत उपादान हैं काव्य के, कभी नष्ट नहीं होते। पर कवि इनके पास जाने, इन्हें आत्मसात् करने में हिचकने लगा। इनको परे धकेलकर उस छद्म बौद्धिकता, आधारहीन बड़बोलेपन और छूछे शब्दजाल का सहारा लेने लगा जो आलोचकों, विभिन्न वादों, साहित्यिक मठाधीशों की उद्घोषणाओं के अनुकूल पड़ते थे। परिणाम यह हुआ कि सायास लिखी हुई कविताओं का ढेर लगता गया, पर कवित्व की मर्मस्पर्शिता, शिल्प का स्वतःस्फूर्त गठन, अनायास मन को छू जानेवाली आत्मीयता खोती गयी। आज कविता का पूरा परिदृश्य एक विराट् रेगिस्तान-सा लगता है जहाँ शब्दों की रेत उड़ती है, धूप में कहीं-कहीं मृगतृष्णा के जैसा आभास तो मिलता है पर मन की गहरी प्यास नहीं बुझ पाती। इस रेत के अनियन्त्रित बवण्डर में कहीं कोई पानी का ताजा सोता मिल जाय, किसी भटके बादल की छाँह मिल जाय, कहीं किसी दबे बीज में नया अंकुर फूटता मिल जाय, कहीं किसी प्यासी कोयल की कूक सुनने को मिल जाय तो कितना सुकून मिलता है, कितना भरोसा होता है कि वादों, विवादों, घोषणाओं, फरमानों तथा छद्म बौद्धिक शब्दाडम्बरों के बावजूद कविता, टटकी, शुद्ध अनछुए कौमार्य की ताजगी लिये अभी जीवित है। मरी नहीं, मरेगी भी नहीं। यही सुखद आश्वस्ति मिलती है सूर्यभानु गुप्त की गजलें पढ़कर, माहेश्वर तिवारी और बुद्धिनाथ मिश्र के गीत सुनकर, निदा फाजली की रचनाएँ पढ़कर और कैलाश गौतम के गीत व दोहे

पढ़कर। इन सभी का अपना अलग-अलग रंग है, लेकिन कैलाश गौतम की रचनाओं का रंग बिल्कुल अनोखा है। अवध के गाँव-कस्बों का अल्हड़ ताजापन, बिल्कुल जाने-पहचाने साधारण घास-पात, पोखर, पाखी, खेतों की मेंड़ों पर खिले हुए फूल, नदी से नहाकर निकली गोरे बदन पर गीली साड़ी लपेटे सकुचाई-सी ग्रामवधू, चौपाल की साँझ, घर लौटती गायों का रँभाना—इन सबका अनायास गीतों में जैसे अपने-आप ढलते जाना, कुछ अजीब ग्राम्य टोना-सा है। कैलाश गौतम की कविताओं में, जब वे कहते हैं—

"सीताराम ओसारे बोले
मैना, सुबह हुई
ओढ़ पिछौरी
माथा ढाँके
शहर चली बथुई"

तो लगता है जैसे हम सहसा अपने बचपन के गाँव में पहुँच गये हैं और कहीं वह बचपन की गुइयाँ मिल जायगी, क्योंकि—

बजती हैं चूड़ियाँ सबेरे से
सारा दिन बीतेगा
आज पान-फूलों में!

और धूप निकलते-निकलते सरसों के खेतों में हवा लहर लेने लगती है और कवि-दृष्टि जाती है—

क्या कहने हैं
पढ़ने लायक सरसों के तेवर
भाभी खातिर
कच्ची अमियाँ
बीछ रहे देवर

और आँगन में तो भाभी का राज है पर गाँव के गली-मुहाने पर का दृश्य क्या है?

उठने को मोची है
जलने को दीया है
चाय-पान की दुकान
गपशप की ठीया है
रेजगारी गिनता है
आड़ में भिखारी।

समाज में आर्थिक वर्ग-विषमताओं को लेकर कोई रटे-रटाये मार्क्सवादी फिकरे नहीं हैं, सीधा-सा बयान है—

पीली कोठी की मुँडेर
उलटा पल्ला है
आँखों की किरकिरी
क्या कहें मुहल्ला है
दाँत की सुपारी है
हैसियत हमारी।

पर इस वर्ग-वैषम्य के बीच ही देह में यौवन को आना ही है। उसे कौन रोक सकता है—

"फूटी गली कि
देहरी लहटी
आँगन सगुन मनौती
गोरी देह
गहागह पियरी
हल्दी धान चुनौती
छोटी उमर
सयाने सपने
नखरे चार कहार के"

और फिर अनजान छुअन की छूट जानेवाली छटपटाहट–

आया ही आया था कोई
घर में
नया–नया
हँसी–हँसी में
हाथ दबाकर
हँसता चला गया
मैं ही जान रहा हूँ
जैसा मेरा हाल हुआ।

कैसी सादगी से तन की, मन की कितनी बारीक संवेदनाओं को उकेर देते हैं कैलाश गौतम! कहाँ तक जाती है उनकी नजर गाँव के खुले लेकिन घरेलू परिवेश में—यहाँ—

"होंठ काटती, हिचकी लेती डोली बैठीं बुआ" है चैत में विदा होती हुई या बादल हैं टूटे ताल पर-आटा सनी हथेली जैसे भाभी पोंछ गयी/शोख नन्द के गाल पर। या फिर बरसात में घर बैठे हैं तो निहारते हैं—

"ऊँची-नीची मेंडें गली-गली हरियाली
गंगा गौरी जैसी मेरी है घरवाली
हाथों में गरम-गरम दूध का कटोरा
एक फूल फूला बरसात का निहोरा

बिल्कुल आसपास के बिम्ब और उपमान और कैसी सहज अभिव्यक्ति! एक निर्दोष, निश्छल सौन्दर्यबोध का अनायास उल्लास। विद्यापति की सद्यःस्नाता पढ़ी होगी आपने—कैलाश गौतम के गाँव में वह कैसी है? उस कविता को तो पूरा उद्धृत करने का मोह नहीं छोड़ पा रहा हूँ। सुनिये—

मुँह पर उजली धूप
पीठ पर काली बदली है
रामधनी की दुलहिन
नदी नहाकर निकली है।
इसे देखकर
जल जैसे लहराने लगता है
थाह लगानेवाला,
थाह लगाने लगता है
होंठों पर है हँसी
गले चाँदी की हँसली है।
गाँव गली अमराई से
खुलकर बतियाती है
अक्षत रोली
और नारियल
रोज चढ़ाती है
ईख के मन में
पहली-पहली
कच्ची इमली है।
लहरों का कल-कल

इसकी
मीठी किलकारी है
पान की आँखों में रहती
यह धान की क्यारी है
क्या कहना है परछाईं का
रोहू मछली है।
दुबली-पतली
देह बीस की
युवा किशोरी है
इसकी अँजुरी
जैसे कोई
खीर कटोरी है
रामधनी कहता है
हँसकर
कैसी पगली है?

इतनी मीठी पारदर्शी संवेदनाएँ, ऐसी सौन्दर्य चेतना-जाने क्या लौटा लाती है—वह सब जो तीस-पैंतीस बरस से हिन्दी कविता में खोया हुआ था। और आप पूछें कि सामाजिक यथार्थ तो इसमें है ही नहीं, तो आप कैलाश गौतम की वह कविता भी सुनें—

गाँव गया था, गाँव से भागा।

क्या बारीक व्यंग्य है उसमें, गाँव के सामाजिक वातावरण में राजनीति, चुनाव, जात-पाँत, अदालत, कचहरी जैसे विष-बीज बो चुके हैं कि सारा सौन्दर्य मुरझाने लगा है, जीवन का रस समाप्त होने लगा है, लेकिन कैलाश में आशा और विश्वास कम नहीं हुआ है। वे आस्था से कहते हैं—

आना जी फिर आना
गीत इन्हीं गलियों में
तुम पर्व लिये आना
त्योहार लिये आना।
फागुन में हँसता
कचनार लिये आना।
हो जाना झील-ताल
रेत की मछलियों में।

आना जी फिर आना
गीत इन्हीं गलियों में।

उनका यह आह्वान जीवन के उस शाश्वत सौन्दर्य का आह्वान है जो हर विनाश, विध्वंस, विकृति के बाद लौटता ही है, क्योंकि उन्हीं के शब्दों में—

गीत शाश्वत होता है जी,
गीत शाश्वत होता है।
गीत नहीं मारे से मरता
गीत शाश्वत होता है
गीत नहीं बिसराये बिसरा
वाल्मीकि का जादू है
जैसे चाहो वैसे गाओ
यह गृहस्थ है, साधू है
गीत के रस की थाह नहीं है
गीत के रस का मोल नहीं
सबसे मीठा बोल गीत है
गीत से मीठा बोल नहीं
गीत प्रेम से पढ़ना होता
गीत भागवत होता है
गीत नहीं मारे से मरता
गीत शाश्वत होता है।

कैलाश गौतम का यह संकलन पुरवाई के पहले झोंके की ताजगी आपके मन में भर जाय, इसी शुभकामना के साथ मैं कैलाश के काव्य सृजन के बहुआयामी विकास की प्रार्थना करता हूँ।

भूमिका | श्रीनरेश मेहता

'जीवन लौटा नये सिरे से कविता लौट पड़ी' इस पंक्ति के कवि श्री कैलाश गौतम की यह पंक्ति या इस जैसी अनेकानेक पंक्तियाँ कितनी सजीव हैं। आज के हमारे सर्माहत परिवेश में **'कविता लौट पड़ी'** के माध्यम से हमारी स्मृतियों को इस संग्रह के ग्रामीण टटके बिम्ब कैसे खाँटी गन्ध के साथ हेरते हैं, टेरते हैं, कि गीत जीवन बन जाता है। फूलों की सुगन्ध बन जाता है और हमारे हाथ ही नहीं बल्कि स्तत्व तक सुगन्धित हो जाते हैं। सच कहें तो ऐसे ताल मखाने जैसे ये गीत एक साथ किसी एक संग्रह में पहले देखने को नहीं मिले। संग्रह की प्रत्येक कविता हमारे अन्तर में जो हमारी ग्राम्यता है उसे कैसे-कैसे घर-आँगनवाले प्रत्यंकनों में मूर्त करती है। यह देखते ही बनता है।

हिन्दी में यह दुर्भाग्यपूर्ण रहा कि गत चालीस पचास वर्षों में गीतों को लेकर जो उपेक्षा का भाव प्रमुख हुआ उसने काव्य मात्र की जो हानि की वह अक्षम्य है। यह ठीक है कि उपेक्षा के कारण ही अनेक सशक्त गीतकार गीत की विधा से दूर होते चले गये। कविता की विधा वह चाहे नयी कविता का फार्म रहा हो या गीत की विधा सब उपलब्धियों से वंचित ही रहे। नईम जैसे सशक्त गीतकार या उमाकान्त मालवीय के मार्मिक गीत अपनी सारी काव्यात्मक विदग्धता के बावजूद हाशिये पर ही रहे। और कैलाश गौतम जैसे प्रथम कोटि के गीतकार निर्भय होकर अपने जीवन, परिवेश पारिवारिकता सबको अपने काव्य में मूर्त करने में लगे हैं।

मन का वृन्दावन होना
इतना आसान नहीं,
वृन्दावन तो वृन्दावन है
घर दालान नहीं

कैलाश जिस सहज भाव और भाषा के साथ सारी परम्परा को शब्दों में, चित्रों में बिम्बों में परोस देते हैं, वह कितना उदात्त है, क्या नहीं है इन गीतों में? सारा भारतीय लोकजीवन कन्धे पर गीली धोती उठाये चना चबेना चबाते हुए अपनी विश्वास की

धरती पर चलते दिखता है। भले ही आज का वर्णसंकर इतिहास इन्हें कितना ही गर्हित समझे। परन्तु हमारी संस्कृति का मूल हमारा यह लोकजीवन ही है। कैलाश गौतम जैसे वास्तविक कवि अपनी संस्कृति में एक क्षण को भी पृथक् नहीं होते। मैं इन लोकतत्त्वी रचनाओं के प्रति विनम्र होना चाहूँगा। कविता जब तक अपनी ग्राम्यता, संस्कृति के साथ ऐसी तन्मय नहीं होती तब तक काव्य के दूसरे प्रकार के सारे आन्दोलनों का कोई अर्थ नहीं। भले ही इन आन्दोलनों की घेरेबन्दी हो परन्तु ये अपनी परम्परा से कटे हुए आन्दोलन हैं। वर्तमान भले ही घेरेबन्दी का हो सकता है, परन्तु भविष्य तो संस्कृति और लोकपथ पर रहकर जीवन के साथ चलती, बतियाती और गाती कविताओं का ही है। जयदेव, विद्यापति, निराला के बाद ये कविताएँ ऐसी रचनात्मक बयार हैं, जिनका स्वागत किया ही जाना चाहिए।

मैं भाई कैलाश गौतम के परम यश की कामना करता हूँ।

अनुक्रम

कविता लौट पड़ी

सीली माचिस की तीलियाँ

शहर

कितना अजीबोगरीब है
यह शहर भी!

सूर्योदय की तरह नया
सिर चढ़े बेटे की तरह प्यारा
और धारोष्ण दूध की तरह
मीठा लगता है

छूते ही बिछ जाता है रेशे-रेशे
जैसे नीम की टटकी दातून हो

रोआँ-रोआँ भीन जाता है
चाय की गर्माहट-सा
जितना यह खुलता है
कोई अखबार क्या खुलेगा
इसके आगे

मन्त्र श्लोक और भजन की तरह
गूँजता है सड़कों पर, घरों में

और अन्तराल भरता है
पैर के नाखूनों में समायी
गंगा की बालू की तरह

लेकिन यह सब
सिर्फ वे ही देख पाते हैं
जिनका स्कूल सुबह का होता है
दस बजे का नहीं

क्योंकि जलेबी का जीवन
उसकी मिठास नहीं
ताजगी है।

●●

स्थितियाँ

सिर्फ रास्ता मिल जाने से
दूरी तय नहीं होती,
दूरी का तय होना, बहुत–कुछ
अपने बोझ पर निर्भर करता है।

यह बात और है कि
मीलों लम्बा रेगिस्तान पार करते समय
सिर का पानी भरा घड़ा बोझ नहीं
जीवन महसूस होता है।

और कभी–कभी
खाली हाथ होने पर भी
गज भर का दल–दल
जानलेवा साबित होता है।
कब कहाँ पहलू बदलता है बोझ
कैसे–कैसे साथ चलता है बोझ
इसका कोई ठीक नहीं है।

अँधेरी रात के सन्नाटे में
पाँव की बोलती पायल
अभिसारिका के लिए
बोझ बन जाती है, जब कि
पीठ पर अपना समूचा भविष्य लादे
कोई झाँसी की रानी की तरह
बाधाओं के बीच से,
तीर की तरह
सीधा निकल जाती है।

●●

दोस्तों की मेहरबानी

मैं
कुछ ऐसे लोगों से
घिरा हुआ हूँ
जो प्रहार आयुधों से
करते हैं
प्रायश्चित्त शब्दों से।

मैं आयुधों से ज्यादा
शब्दों से घायल होता हूँ
इसीलिए मेरे तथाकथित दोस्त
मेरी इस कमजोरी का
दुहरा फायदा उठाते हैं
वार, आयुधों से भी करते हैं
और शब्दों से भी।

अक्सर ऐसा हुआ है कि
आयुधों के घाव

भर गये हैं
शब्दों के नहीं।

आज, जो
मेरे होंठों पर ताला है
और आँखों में पानी है
यह भी
दोस्तों क़ी मेहरबानी है!

●●

अफसोस यही है

वैसे यह बरसात बुरी नहीं है
लेकिन पानी बताशे पर पड़ रहा है
अफसोस यही है!

ग्रहग्रहीत से लेकर वारुणी तक
लोग-बाग जी रहे हैं
कुछ समझ में नहीं आता कि
हलाहल उगल रहे हैं कि पी रहे हैं।

रास्ते भी चलते-चलते, सहसा
मशीनों की तरह रुक जाते हैं
अपने से उठने का नाम नहीं लेते
इतना ज्यादा वे झुक जाते हैं।

फूल-दो फूल की बात होती
तो कोई बात नहीं, लेकिन
माली की आँख में
बाग-का-बाग गड़ रहा है
अफसोस यही है!

पानी में धोबी के पाँव नहीं सड़ते
वरदान है कि अभिशाप है?
चींटियाँ हलवाई के घर नहीं जातीं
यह पुण्य है कि पाप है?

जो कुछ भी हो
देखने से यही लगता है कि
घाव खुला नहीं है
बच्चा रोते–रोते मर गया है
बस डिठौना धुला नहीं है।

चौधरियों के कायाकल्प पर
मुझे कोई एतराज नहीं है
लेकिन बिरादरी का भविष्य बिगड़ रहा है
अफसोस यही है!

पितरों का कम एहसान नहीं है
आँगन में कुआँ खोदकर मरे हैं
यह हरा–भरा खेत, रातोंरात गधे
बाघम्बर ओढ़कर चरे हैं।

वह दिन अब दूर नहीं
जब साझे में सलीब ढोना पड़ेगा
इसी बहाने हम सबको
एक–दूसरे के करीब होना पड़ेगा
बरसात में आतिथ्य सत्कार से

मैं भागता नहीं हूँ लेकिन
ईंधन के लिए घर उजड़ रहा है
अफसोस यही है!

टूटी कमर लिये अब भी कुछ चींटे
गुड़ की भेली पर जुटे हुए हैं
'असक्तानां परम साधु' की स्थिति है
वर्ना ये कम नहीं घुटे हुए हैं।

आगे छाती छूती विष बुझी संगीनें हैं
और पीछे पीठ छूते छुरे हैं
आदमी के नाते हम, दोनों के बीच हैं
इसीलिए दोनों की आँख में बुरे हैं।

मानता हूँ भलाई करना गुनाह नहीं है
लेकिन अन्धे रहनुमा का साथ देने में
कारवाँ पिछड़ रहा है
अफसोस यही है!

●●

नाव नदी और तूफान

नावों का गला घोंटने में माहिर तूफान
अभी मरा नहीं, जिन्दा है
बेहतर है तट पर ही नाव बँधी रहने दें।

बेमिसाल होते हुए भी
नाव नदी का रिश्ता
मोम-सी हथेली पर
जलती हुई मशाल-सा लगता है।

और ये घाटिये जिन्हें
नमक अलग से खाने की आदत है
पंगत में खायेंगे जरूर, लेकिन
अपनी आदत से बाज नहीं आयेंगे।

सब-के-सब खाल ओढ़े बैठे हैं-
अलग मुद्राओं में
और यह सोच भी रहे हैं कि
कौन-सा अंग हम पहले छुपायें

पूँछ या मुँह जिससे,
शेर सब तुरत समझें
और स्यार?
दो-चार सदी बाद!

●●

चूहे और बाँसुरीवाला

चूहे फिर वापस आ गये
घरों दफ्तरों और खेतों में
फिर नयी–नयी बिलें
मिलने लगी हैं।

और तो और
खबरें भी साबुत नहीं मिलतीं
बहुत–कुछ अपनी ओर से
जोड़कर पढ़ना पड़ता है।

कहाँ गया वह बाँसुरीवाला
जिसने बड़े दावे के साथ
यह कहा था कि—
'चूहे दुबारा नहीं आयेंगे'
लेकिन चूहे आ गये।
खोजो ! खोजो ! खोजो
उस बाँसुरीवाले को खोजो
और उससे पूछो कि क्यों भाई !
यह सब कैसे हुआ?

क्यों हुआ?
और कहाँ गया तुम्हारा दावा!
इसके लिए कौन जिम्मेदार है
तुम?
तुम्हारी बाँसुरी
या तुम्हारी बाँसुरी के दीवाने?

••

तुरहीवाले सुनो!

सुनो, यार! तुरहीवाले!
आखिर यह तुरही
तुम कब तक बजाओगे?

हम इसे सुनते-सुनते ऊब चुके हैं
यार! इस महफिल का भी
कुछ ख्याल करो।

कड़वा, कसैला अल्लम-गल्लम
ऐसा-वैसा भोंड़ा और बुरा ही सही
लेकिन कुछ और बजाओ
ताकि लोग जान सकें कि
तुम्हारे पास सिर्फ तुरही ही नहीं
कुछ और भी है।

जब से तुम आये हो
हम सब टकटकी बाँधे
कान खोले बड़ी उत्सुकता से
तुम्हारी ओर निहार रहे हैं कि

अब कुछ नया होगा
लेकिन, तुम देश–दुनिया से बेखबर
आँख मूँदे, बार–बार
वही तुरही बजा रहे हो।

खोलो यार! आँखें खोलो
और जरा महफिल की ओर देखो
कितने लोग तुम्हारे सामने से
खिसक चुके हैं
और कितने लोग
खिसकने की तैयारी में हैं।

●●

प्यारेलाल

प्यारेलाल!
आखिर वही हुआ
फिर बन गये न भकुआ!

बड़े हौसले से
झापड़ मारने गये थे
कैसा आज उलटा झापड़–
मुँह पर पड़ा है!
कोई बात नहीं
तुम्हारा चमड़ा तो गैंडे का चमड़ा है।

पिछले साल परिवार नियोजन शिविर से
भगे थे
और इस साल
काल–पात्र खोदने में लगे थे।

खैर! मलाल मत करो
फिर समय आयेगा
वही तुम्हें ठिकाने लगायेगा।

आँखें हमें नहीं
किसी डॉक्टर को दिखाओ
चश्मे का शीशा बदलवाओ
दिमाग की सफाई कराओ
सही-सही काम नहीं करता है
शायद वह जाम हो गया है।

फिर, अब तुम्हें
दिमाग की जरूरत ही क्या है?
जो चाहते थे
वह काम हो गया है।

अगर हो सके तो आओ
देश की तरक्की में हाथ बँटाओ
खेतों में घास बहुत है प्यारेलाल!
कुछ अपनी कला
वहाँ भी दिखाओ।

बहुत उड़ चुके हो प्यारेलाल!
अब नीचे उतरो
पुश्तैनी धन्धा फिर से
शुरू करो।

●●

बेटे का भविष्य

जैसे–जैसे
बेटा बड़ा हो रहा है
अपने पाँव पर नहीं
बाप के सिर पर खड़ा हो रहा है।

अब उसे घर काटता है
दिन–रात शहर में दीवारों पर
नारे लिखता है
पर्चे साटता है।

मैंने ज्योतिषी से पूछा
'महाराज! इसका भविष्य कैसा है?'
वह बोले, 'हिन्दुस्तान के नक्शे में
उत्तर प्रदेश जैसा है'

वैसे परीक्षक की नादानी से
नकल करानेवालों की मेहरबानी से

अगर हाईस्कूल पास हो गया
तो अभिनेता बनेगा
वर्ना देखियेगा, एक दिन वह
देश का बहुत बड़ा नेता बनेगा!

●●

तुम्हारे हाथ

जैसे, फूले आँगन के केवड़े
याद आये तुम
और तुम्हारे गन्दुमी पीले
सुबह–सुबह की धूप ले रहे
नहर किनारे समवयस्क दो साँप पनीले
गोंइजी मछली से भी अधिक लचीले
चिकने–चिकने हाथ याद आये।

जैसे, फूले आँगन के केवड़े
याद आये तुम और तुम्हारे
सुबह, दोपहर, शाम काली–उजली रातों में
नदी, पहाड़ी, पार्क
पुल के नीचे रिमझिम बरसातों में
छत, कमरे, आँगन, गलियारे
बस्ती के ओर–छोर, मन्दिर के पिछवारे,
सूने तट, बँधे–खुले बजरे में,
बँसवट में, कभी करीलों में

समतल पगडण्डी पर,
चटियल मैदानों में,
खाईं टीलों में,
अक्सर, जो तकिया बने
झूला बने
हार बने हाथ याद आये।

जैसे, फूले आँगन के केवड़े
याद आये तुम!
और तुम्हारे
गहरे उतर गये
पुरवा के झोंके बादल आवारे
मान–भरे मौसमी उलाहने
मीठे, प्यारे–प्यारे
याद आया वह सावन
जब हम लौटे थे
रूमाल भर मेंहदी लिये
तुम आँगन में गुनगुना रहे थे,
दरवाजा बन्द किये
साँकल की आवाज सुने
खोले द्वार—लजाये, झिझके बोले
भीतर बैठो! तब तक हम—
ये कपड़े धो लें।
क्या कहूँ घाव के टाँके टूट गये
जैसे वह बँधा हुआ पल्लू

और वे सर्फ के झाग सने हाथ
याद आये!
जैसे, फूले आँगन के केवड़े
याद आये तुम!
और तुम्हारे..........

••

एक हड्डी पर कबड्डी

कल वे नाक के बाल थे
आँखों के तारे थे
बल्कि प्राणों से भी ज्यादा प्यारे थे
हम उनके थे
वे हमारे थे
बस यही समझिये कि
वे कैरम की क्वीन थे
हर वक्त हम
उन्हीं में लवलीन थे।

लेकिन आज वे—
आँख की किरकिरी हैं
छाती के पत्थर हैं
पीठ के पहाड़ हैं
आस्तीन के साँप हैं।
हम उन्हें दूध की मक्खी की तरह
निकाल रहे हैं
देखिये न, जूते मार रहे हैं

कीचड़ उछाल रहे हैं
और वे हँस-हँसकर टाल रहे हैं।

लोग कहते हैं
उनकी शराफत है
सब-कुछ झेल रहे हैं
एक हड्डी पर
कबड्डी खेल रहे हैं!

प्यारे!
सच तो यह है कि
शराफत नहीं है बेहयाई है
मात खाने के बाद
चाल समझ में आई है।

अपनी जगह छोड़कर
दूसरे की जगह खड़े हैं
क्या इसलिए कि बिरादरी में
सबसे बड़े हैं
फिर बड़ा होना
कोई एहसान नहीं है
क्योंकि बड़ों का
कोई इत्मीनान नहीं है।

••

स्वर्ग का आँखों देखा हाल

अगर आप स्वर्ग जाना चाहते हैं
और वहाँ घर बसाना चाहते हैं
तो मेरी इतनी-सी विनती है
मान लीजिये
और स्वर्ग जाने का इरादा
कुछ दिनों के लिए टाल दीजिये

मैं सीधे स्वर्ग से आ रहा हूँ
वहाँ का आँखों देखा हाल सुना रहा हूँ—

चारों तरफ हाहाकार है
गरीबी है, भुखमरी है, महँगाई है,
बेरोजगारी है, भ्रष्टाचार है
हरा-भरा बाग जल रहा है
सिर्फ कवि-सम्मेलनों का बाजार
वहाँ अच्छा चल रहा है
खुले आम चोरी की कविताएँ पढ़ी जा रही हैं

अखबारों की कटिंग काट-काटकर
कवितों गढ़ी जा रही हैं

सबसे मजे में संयोजक है
शान से चौगुने पर हस्ताक्षर कराता है
और आँख दिखाते हुए
एक चौथाई पकड़ाता है
कॉफी हाउस छाप बुद्धिजीवियों का कहना है कि
कुछ उथल-पुथल होनेवाला है
क्योंकि घटिया साहित्य का वहाँ भी बोलबाला है

प्रकाशक भी कविता के नाम से काँप रहे हैं
घटिया-से-घटिया उपन्यास
धड़ाधड़ छाप रहे हैं

प्रेमचन्द, जयशंकर प्रसाद और
निराला-जैसे वहाँ भी साहित्यकार हैं
लेकिन बेकार हैं
क्योंकि वहाँ के पाठकों पर वहाँ के
गुलशन नन्दा, प्रेम वाजपेयी और वहाँ के
रानू सवार हैं।

और पत्र-पत्रिकाओं का भी
लगभग यही हाल है
अच्छे साहित्य का अकाल है

नंगी तस्वीरोंवाली मैगजीनें
बाथरूम और बेडरूम में साथ-साथ रहती हैं
छात्रावासों में तो जैसे
हाथों-हाथ रहती हैं।

खेती-बारी में भी कुछ-कुछ ऐसा ही हो रहा है
आम वही खा रहा है
जो बबूल बो रहा है
किसान अब हल कन्धे पर नहीं
खूँटी पर टाँग रहा है
और नौकरी चूँकि
सरकार दे नहीं रही है
इसलिए वह दहेज में माँग रहा है

दहेज पूरा नहीं मिलने पर
बहुएँ सतायी जाती हैं
डरायी धमकायी और जलायी जाती हैं।

वैसे वहाँ लोग दुश्मन को खुद नहीं मारते
बल्कि टिकट कटाकर किसी भी ट्रेन में बैठा देते हैं
फिर सबेरे अखबार देख-देखकर
मजा लेते हैं।

धरना हड़ताल और भीड़ से

बिजलीघर का पता चलता है
पाँव की जमीन खिसक जाती है
सरकारी दफ्तर का बाबू जब रंग बदलता है

बड़ा-से-बड़ा पैसेवाला भी
कचहरी में हाथ जोड़ देता है
वकील से बचा तो मुहर्रिर
और मुहर्रिर से बचा तो
साहब का अर्दली निचोड़ लेता है।

पता नहीं कैसे थाने में बलात्कार हो जाता है
जब कि पुलिस स्कूलों में रहती है
और जनता गरीब की औरत की तरह
सब-कुछ सहती है

बिलकुल हमारे देश की तरह
वहाँ भी आजादी है
रँगे सियारों की बारहों महीने चाँदी है

हरिश्चन्द्र और युधिष्ठिर-जैसे लोग
असमंजस में पड़े हैं
गिरती दीवारों के साये में
हाथ जोड़कर खड़े हैं

नियम और कानून जैसे

मेज के गुलदस्ते हो गये हैं
मैंने बहुत करीब से देखा है
अच्छे-अच्छे लोग
इस दौर में सस्ते हो गये हैं

जिसके हाथ-पाँव में छाले हैं
उसी को रोटी के लाले हैं

कपड़ों की तंगी है
कहीं पुरुष नंगा है
कहीं स्त्री नंगी है

वहाँ भी मदारी की आँख में रोटी है
जमूरे के पेट में छुरा है
फिर आप ही बताइये, ऐसे—
दो कौड़ी के स्वर्ग से
हमारा हिन्दुस्तान क्या बुरा है?

●●

मुर्दा एहसास

खुल गयी, खुल गयी, खुल गयी!
क्यों साहब! दुकान?
जी नहीं हुजूर!
बड़े-बड़े बर्तनों की कलई।

धुल गयी, धुल गयी, धुल गयी!
क्यों साहब! कालिख?
जी नहीं हुजूर!
पीढ़ियों से चली आ रही
घर की इज्जत।

कट गयी, कट गयी, कट गयी!
क्यों साहब! पतंग?
जी नहीं हुजूर!
पंचों की नाक।

गिर गयी, गिर गयी, गिर गयी
क्यों साहब! बिजली?
जी नहीं हुजूर
बाजार में बनी-बनायी साख।

सुनिये साहब!
जरा इधर आइये
कुछ नयी सुनाइये
यह सब तो होता रहता है
गधा खेत खाता रहता है
किसान बोता रहता है

ये सब पुराने लटके हैं
वही घिसी-पिटी कहानी है
सच तो ये है कि हमारा
एहसास ही मुर्दा है, आज
कलई, इज्जत, नाक और साख की चर्चा
बिलकुल बेमानी है।

●●

एक आयोग और

मेरा बेटा ऐन मौके पर रोता है
मैंने बीबी से पूछा
आखिर ऐसा क्यों होता है?

वह बोली क्या इस खानदान में
यह नया है?
सास जी तो कहती हैं—
बेटा अपने बाप पर गया है।

वैसे इसका ऐन मौके पर रोना
मुझे भी बहुत खलता है
उस समय तो और
जब पिछवाड़े चाँद निकलता है।

बार-बार खिड़की तक जाती हूँ
उलटे पाँव लौट-लौट आती हूँ
तुम्हें क्या पता है
प्राण पत्ते की तरह काँपता है।

मेरी भी यही मन्शा है कि
इसके ऐन मौके पर रोने के
कारण का पता लगाओ
खुद लगा सको तो खुद
वर्ना कोई आयोग बैठाओ।

लेकिन आयोग के अध्यक्ष से
साफ–साफ कहना
साहब यह मेरा निजी मामला है
जरा जल्दी फैसला करना।

महीने–दो महीने में ही
इस केस को निबटाना होगा
वर्ना एक और रोने लगेगा
उसका भी पता लगाना होगा।

आयोग की बात सुनकर
मुझे हँसी आ गयी,
बीबी खिसिया गयी

जैसा कि औरतों का स्वभाव होता है
मैंने बीबी को समझाते हुए कहा, सुनो—

पहले बेटे से पूछ लो कि वह
आयोग की बात मानेगा

आयोग जो कहेगा कसम खायेगा
और कसम खाकर सही-सही बतायेगा
या चौधरी की तरह
मेरी भी नाक कटायेगा

इतना सुनते ही मेरा बेटा
ठठाकर हँस पड़ा और बोला कि
आप कैसे माँ-बाप हैं?
क्या अपने बेटे के लिए भी
कभी किसी ने आयोग बैठाया है
हमेशा दुनिया ने अपने से
अपने बेटे को ऊपर उठाया है क्योंकि
आयोग दूसरे के बेटे के लिए होता है
अब तक का इतिहास यही है
दूसरे का बेटा गलत है
अपना बेटा सही है

वैसे मैं गरीब का बेटा हूँ
भूख से रोता हूँ
भूख से रोनेवाले बेटे
जब माँ-बाप के सामने
हाथ फैलाते हैं
मेरी तरह गालों पर सिर्फ तमाचा पाते हैं
काश! मैं भी किसी

बड़ी माँ का बेटा होता
बहती गंगा में हाथ धोता
रोज लाखों का वारा-न्यारा होता
फिर भी माँ-बाप की आँखों का तारा होता
मैं इतना बड़ा बेईमान होता
कि मेरी मुट्ठी में पूरा हिन्दुस्तान होता

लेकिन नहीं बेकार हो सकता हूँ
आवारा नहीं
अपाहिज हो सकता हूँ हत्यारा नहीं

क्योंकि माँ-बाप के खून का असर है
मेरे लिये जिन्दगी आज भी
लोहे का चना है
काँटों का बिस्तर है

समय माफिक रहा तो
श्रवण कुमारों में रहूँगा
वर्ना विद्रोह के ज्वलन्त
उदाहरण की तरह
इतिहास के साथ-साथ
दीवारों में रहूँगा

●●

नसबन्दी का भूत

जब मेरी शादी का
पहला–पहला साल था
नये–नये जोड़ों का
बहुत बुरा हाल था

राम जाने क्या होनेवाला था
शहर–शहर गाँव–गाँव चारों तरफ
नसबन्दी करनेवालों का बोलबाला था

सिर मुँड़ाते ओले पड़े थे
हम दोनों मियाँ–बीबी
मन्दिर में हाथ जोड़कर खड़े थे

'अब की राखि लेहु भगवान'
हम मन से गा रहे थे
फूल पर फूल और
प्रसाद पर प्रसाद चढ़ा रहे थे

क्योंकि घर की सुन्दर बगिया में
एक भी कली नहीं खिली थी

बस यही समझिये कि
हमारा एकाउण्ट खुला ही खुला था
अभी पास बुक नहीं मिली थी

नसबन्दी करनेवाले
सड़कों पर खड़े थे
'हम दो हमारे दो' मुँह में
कैंची हाथ में पकड़े थे

कितने इधर–उधर
गलियों में फेरे लगा रहे थे
कितने घर आकर
हमें ढाढ़स बँधा रहे थे

आने–जानेवाले रिश्तेदारों पर भी
शक होता था
क्योंकि हर आदमी
केस के लिए रोता था

जो इस नये जोड़े को देखता
वही राल गिराता
'दो टूक कलेजे के करता'
ललचाता घर तक आता

तरह–तरह की कसमें खाता
सफाई देता

फिर अपनी फँसी तनख्वाह की
दुहाई देता

अपना उल्लू सीधा करने के लिए
हमें उल्लू बनाता
सन्तानहीन मुहब्बत का
नुस्खा बताता

ऐसे माहौल में सब साले
अपने-अपने शहर से भगे थे
और अपने-अपने बहनोइयों से
नकली सर्टीफिकेट बनवाने में लगे थे

हमारा साला भी
अपने शहर से भागकर
हमारे यहाँ आया हुआ था
उसके भी मन में
खानदान डूबने का भय समाया हुआ था

माल हमारा गल रहा था
साले का अखण्ड पाठ चल रहा था
जब कि मारे डर के
मुँह से एक शब्द भी
साफ-साफ नहीं निकल रहा था

रोज खिचड़ी पकती थी
मगर दाल नहीं गलती थी

कटी बोगी के मुसाफिर
की तरह हम सब
परेशान थे
और प्लेटफार्म का रवैया देखते हुए
अपने-अपने असबाब से
बराबर सावधान थे

ऐसे ही आँधी-तूफान में
एक दिन बीबी ने कहा
जरा बाजार चले जाइये
राशन नहीं है लेते आइये

मैंने कहा अपने भाई को भेज दो
सामानों की लिस्ट और पैसा
उसे सहेज दो

बाजार वही जायेगा
आखिर साला किस दिन
काम आयेगा

फिर अभी वह लड़का है
उसे डर किसका है

साला गुर्राने लगा
आँख दिखाने लगा
और हाथ नचाकर बोला 'जीजा जी
क्या देखकर आपने
लड़का कहा है बताइये?
मैं आपसे किस माने में
कम हूँ समझाइये'

मैंने कहा यार! कैसे साले हो
अजीब खोपड़ीवाले हो
तुम्हारी बहन के भविष्य का सवाल है
और तुम्हारा ये हाल है
मेरी तो इम्तिहान की घड़ी है
देख रहे हो
पकी फसल खेत में खड़ी है

और मौसम
कितना खराब चल रहा है
हर वक्त छाती पर मूँग दल रहा है

साफ-साफ क्यों नहीं कहते कि
बाहर निकलने से डरते हो
बहाना क्यों करते हो?

हालाँकि घर से बाहर निकलने में
मैं भी डर रहा था
रोब जमाने के लिए
साले से बहस कर रहा था

इसी बीच बीबी ने सूझ-बूझ से काम लिया
घर के बाहर खूब बड़ा-सा
परिवार नियोजन का बैनर टाँग दिया

परिवार नियोजन का गुण गाते
नारा लगाते
हम तीनों सड़क पर आ गये
एक ही दिन में हम
अपने मुहल्ले में छा गये

लोग हमसे घबराते थे
हम लोग अपने को
सही कार्यकर्त्ता बताते थे

और जब तक भेद खुले-खुले
कि तब तक लोगों में
नया उत्साह जाग चुका था
काली आँधी का मौसम बदल चुका था
और नसबन्दी का भूत भाग चुका था।

●●

अन्धे के हाथ बटेर

शायद
आपको इस बात का पता नहीं है
कि पानी अपनी जगह तलाश रहा है
लेकिन बाहर निकलने का
कोई रास्ता नहीं है

साँप-नेवले बिल्ली-चूहे बकरी-बाघ
सब-के-सब बाढ़ के मारे हैं
भीतर-भीतर सब एक-दूसरे की
आँख की किरकिरी हैं
ऊपर-ऊपर आँखों के तारे हैं

जमीन खुद थर-थर थर-थर
काँप रही है
अंगद का पाँव कहीं जमता नहीं है
शायद आपको इस बात का पता नहीं है
मौसम के खराब होने की सूचना है
बैरोमीटर का पारा नीचे
और नीचे हो रहा है

मुँह से चादर खींचिये–न खींचिये
करवट बता रही है कि
कौन चैन की नींद सो रहा है

क्यों भाई!
संग्रहालय की शोभा बढ़ाने
आये थे और नुमाइश में
धक्के खाते फिर रहे हो
कुछ तो अपनी उम्र का
ख्याल करो
इस उम्र में
इतना नीचे गिर रहे हो?

मैं बचपन से
इन पेड़ों को देखता आ रहा हूँ
इनमें फूल आते हैं, झर जाते हैं
फल कभी लगता नहीं है
शायद आपको इस बात का पता नहीं है

इतना तो आप भी मानेंगे कि
बबूल के पत्ते दोना नहीं होते
फिर भी आप प्रयास कर रहे हैं
ईख की सूखी पत्ती दिखा–दिखाकर
नीम चढ़ी तितलौकी में
मिठास भर रहे हैं

बिना धुआँ देखे भी
आग बुझाने का नियम है
लेकिन इस शहर में चलता नहीं है
शायद आपको इस बात का पता नहीं है

आपके हाथ बटेर लग गयी है
इसका यह अर्थ नहीं कि
आप हुनरमन्द भी हैं
जितने नाक के बाल बने हैं
उनमें ही आस्तीन के साँप भी हैं
जयचन्द भी हैं

नौटंकी हो रही है ठीक है
लेकिन जोकर के माथे पर
राजा का मुकुट कभी फबता नहीं है
शायद आपको इस बात का पता नहीं है

••

एहसास

कल जिन्होंने
आँधी–पानी और तूफान में भी
जमीन तलाशकर
क्रान्ति बीज बोये थे
और यह सोचकर कि
आनेवाली पीढ़ी का भविष्य
अच्छा होगा
जो माघ–पूस की रात में
बर्फ की सिल्लियों पर
नंगी छिली पीठ सोये थे
संगीनों पर उछाले गये थे
दीवारों में चुने गये थे
इसी खुले आकाश के नीचे
तमाम उम्र रुई की तरह
धुने गये थे
जानते हैं
आज वे कहाँ हैं?
ताँबे के सिक्के जहाँ हैं

जिन्हें हम–आप
अब अपने पास रख नहीं सकते
अगर रखे भी होंगे
तो, नये सिक्कों के सामने
हम उन्हें परख नहीं सकते

ऐसा करनेवाला
विद्रोही करार दिया जायेगा
सीधे–सीधे
मौत के घाट
उतार दिया जायेगा

पान की दुकानों पर
सैलूनों में या
कैलेण्डरों से रंगीन नमूनों में
जो कहने को बराबर साथ रहते हैं
जैसे अबोध शिशु के माथे पर
सपने में
दिवंगत माता–पिता के हाथ रहते हैं

वह गाँधी जिनकी
कथनी और करनी में
बड़ा कम अन्तर था
या यह कहें कि जैसा उनका
बाहर था वैसा ही भीतर था

उन्हें तुम लोग आज
कैसे इस्तेमाल कर रहे हो?
यार कमाल कर रहे हो!

तुम जब देश और आजादी की
बात करते हो
मैं घर चला आता हूँ
वहाँ भी मन नहीं लगता
तो झूठ क्यों बोलूँ
पिक्चर चला जाता हूँ

गाँधी मैदान की रोशनी की अपेक्षा
वहाँ का अँधेरा
कहीं ज्यादा सच बोलता है
मेरी तरह वह भी अपने को
अपने भीतर टटोलता है

यह कहना तो मुश्किल है कि
भीतर के अँधेरे में
सुरक्षा कितनी रहती है
और बाहर की रोशनी में
भय कितना रहता है
लेकिन इतना जरूर है कि
जिन्दा रहने का एहसास बना रहता है

वर्ना सड़क की भीड़ में खो जाने पर
यह एहसास नहीं होता कि
आदमी हूँ
आदमी की संज्ञा हूँ
कैलाश हूँ मैं
एहसास सिर्फ यह होता है कि
बोरे में बँधी
पानी में डूबी
एक सिर कटी लाश हूँ मैं

●●

बरसात से पहले

अभी
सिर्फ बादल छाये हैं
और छाता बनानेवाले
आ धमके

आषाढ़ का पहला दौंगरा भी
अभी नहीं गिरा
लेकिन नदी किनारे के गाँव
आशंका से भर उठे हैं

ऊपर आकाश में
बादल डोलते हैं और
नीचे नदी किनारे के गाँव की
आँखों में
बीसियों नावें डोलती हैं

बाबू कल–परसों से
कह रहे हैं कि

खड़ाऊँ का नया जोड़ा
अब जरूरी है

माँ कहती है
ईंधन को खुले में रखना
अब ठीक नहीं
घर की इज्जत है

बुढ़िया आजी अलग परेशान हैं
मन्दिर तक जाने में
छोटे–बड़े कई पनाले
पार करने होते हैं
मन्दिर के बालमुकुन्द को
आजी के लिए
घर ले आना होगा

बीबी,
दिन में कई बार
टोक चुकी है कि
कच्चे धागे के दिन गये
लौकी की बेल धीरे–धीरे
सयानी हो रही है उसे
अब मजबूत सहारे की जरूरत है

और मेरा बेटा!
गुल्ली–डण्डे से लैस
पड़ोसी लड़कों से पूछ रहा है
क्यों भाई रेनी डे हो सकता है?

इन सबसे अलग–थलग मैं
तिरपाल से ढँका
चीनी के बोरे की तरह
पसीज रहा हूँ

माना कि अभी बारिश नहीं हो रही है
सिर्फ बादल छाये हैं
लेकिन यह सत्य है कि
स्कूली लड़के की तरह
छाती से बस्ता चिपकाये
किसी भी दिन मुझे
खुले में दौड़ना पड़ेगा

●●

बदनाम मुहरा

रघुकुल तिलक
मर्यादा पुरुषोत्तम राम!
आप सिर्फ कान के कच्चे
विचारों के ओछे और
स्वभाव से शंकालु ही नहीं
बल्कि
अवसरवादी राजनीतिज्ञ भी हैं

मेरे श्रद्धा विश्वास भक्ति
और पौरुष को
बार-बार अपनी जरूरतों पर
भुनाने से
आप तनिक नहीं हिचके

बट्टा मेरे व्यक्तित्व पर लगा है
काम आपका बना है
कुल की मर्यादा
और पुरखों का हवाला देते हुए
हमेशा मुझे

पानी पर चढ़ाये रखा
और मैं घिसता-घिसता
बौना हो गया,
बौना सिर्फ बाहर से ही नहीं
भीतर से भी

आज मेरी संज्ञा
सैकड़ों सवालों के बीच
सिर झुकाये खड़ी है
जैसे
अपने ही द्वारा रचे गये
जाले के भीतर
अन्धी गूँगी बहरी और
बिना रीढ़ की कोई मकड़ी है

सच!
कितना दबदबा था आपका
आपके भारी-भरकम
आदर्शों का
कि जीवन-भर मेरी गर्दन
सिर्फ ऊपर-नीचे
हिलती रही

दायें-बायें हिलाने की
सख्त मनाही थी

ऐसा दुस्साहस भला मैं
कैसे कर सकता था?

मेरा 'रामानुज' अपने–आपमें
कितना बड़ा व्यंग्य बन गया
इसे सिर्फ मैं जानता हूँ

हुँकारी भरना मेरा पर्याय बन गया है
और मेरा समूचा कलेवर
एक अजीब तरह के कीचड़ में
सन गया है

मणिहारे साँप की तरह
हाथ मल रहा हूँ
सिर पटक रहा हूँ
मुँह छिपाने भर जगह की तलाश में
दर–दर भटक रहा हूँ

अपने ही बहुचर्चित व्यक्तित्व के
आकाश में
अभिशापित कुहरा हूँ मैं
जिसके चेहरे पर लिखा है 'त्रेतायुग'
और पीठ पर लिखा है 'रामराज्य'
एक ऐसा बदनाम मुहरा हूँ मैं
●●

अन्धी कोयल

प्यारे भाई!
इस कोयल की बोली पर
मत जाओ,
यह बारहों महीने
इसी तरह बोलती है

जानते हो
यह कोयल जन्म से अन्धी है
और मीठा बोलना
इसका पेशा है

प्यारे भाई!
अन्धे सिर्फ सावन के ही नहीं होते
फागुन के भी अन्धे होते हैं
जैसे कि यह कोयल

और फागुन ही क्यों
अब तो लोग
हर महीने अन्धे हो रहे हैं

जिसे जब अन्धा होने में
फायदा दिखाई पड़ता है
हो जाता है
और जब तक जरूरत पूरी नहीं हो जाती
तब तक अन्धा बना रहता है

इस तरह अन्धा होने का
यह सिलसिला
मैं अपने बचपन से देखता आ रहा हूँ

जब मैं अन्धा हुआ था
उस समय भी कुछ-कुछ
ऐसा ही माहौल था

आमों में बौर थे
लगन लगी देह-सी धूप थी
हवा में महुवा तैर रहा था
दुनिया-भर की चुहल
गुलाबी दुपट्टों की मुट्ठी में
कसमसा रही थी
उस समय भी
यह कोयल इसी तरह
गा रही थी
यानी कुल मिला-जुलाकर
भरपूर प्यार करने का मौसम था

और हमारे अन्धा होने के लिए
इतना सरोसामान काफी था

लेकिन
वह प्यार का मौसम
जिसे कोर्स बुक की तरह
हम पढ़े भी और
बेच भी दिये आधे दाम पर
हमें आज तक सालता है
और ऐसा इसलिए हुआ कि
प्रेम के अन्धे मुहूरत नहीं
जरूरत देखते हैं

प्यारे भाई!
मेरी जरूरत पूरी हो चुकी थी
लेकिन इस कोयल की जरूरत
अभी भी बरकरार है
अब इसे कौन समझाये कि
बौर किसी–किसी आम में
आये हैं
सब में नहीं
और जहाँ थोड़े–बहुत बौर हैं भी
वहाँ आँधियों का खतरा
बना हुआ है

यह कोयल
इन सब नजारों से दूर है
उठती–गिरती दीवारों से दूर है
लाल–पीले अखबारों से दूर है
महँगे रंगों से
भूखे त्योहारों से दूर है
काले बिल्लों और
परस्पर विरोधी नारों से दूर है

इसकी मीठी–मीठी बोली पर
मत जाओ प्यारे भाई
इसकी बोली से बसन्त नहीं आयेगा
और अगर कभी बसन्त
आ भी गया तो
वह लाठियों के बल आयेगा
कोयल के बोलने से नहीं

यह कोयल बारहों महीने
इसी तरह बोलती है
और मीठा बोलना इसका पेशा है
इसकी बोली पर मत जाओ
यह कोयल अन्धी है
जन्म से अन्धी है

●●

नागरिक होने के नाते

यह हमारा शहर है
मेरे दोस्त!
यहाँ के तौर-तरीके, कायदे-कानून
रीति-रिवाज और लोग
सब के सब
देश-दुनिया से परे हैं
यह एक और तरह का दुबई है

यह शहर जानते हो?
बाहर से देखने पर
खूबसूरत खुशगवार और
दिलचस्प लगता है
लेकिन मैं
इसकी रग-रग से वाकिफ हूँ

मैं जानता हूँ
यह शहर भीतर से
कितना खौफनाक है

कितना खूँख्वार है
कितना घिनहा और
कितना कुरूप है

यह शहर अपने–आपमें
एक तिलिस्म है
भूल–भुलैया है
इसकी गलियों में सुरंगें हैं
मैदानों में जाल हैं, पैंतरे हैं
मुहरे हैं

इन सबसे जूझना
जिन्दगी को दुःखान्त साबित करना है
और इनसे बचकर निकलना भी
आसान नहीं है
यहाँ रोटी मशक्कत से नहीं
हिकमत से मिलती है
टाँग खींचना
रोड़े अटकाना
बहती गंगा में हाथ धोना
और दूसरे की आँखों में
धूल झोंककर
अपना उल्लू सीधा करना
इसकी दिनचर्या है

यहाँ दुआ–सलाम
हँसना–बोलना
मिलना–जुलना
धन्धे से जुड़ा होता है
ईमानदार आदमी का
चेहरा
हमेशा उड़ा–उड़ा होता है

हँसता–मुस्कुराता आदमी
घर से निकलता है
पान खाने के लिए और
शहर की गलियाँ
उसे दबोच लेती हैं
यहाँ की सुरंगों का पेट
इसी तरह भरता है

हालाँकि इस शहर में
कोतवाली भी है लेकिन
उसका होना कोई माने नहीं रखता
यहाँ की गलियाँ
यहाँ के मुहल्ले
यहाँ की सड़कें
यहाँ के चौराहे
गुण्डों के नाम से जाने जाते हैं

दुश्मनी सेत में नहीं
कुछ खिला–पिलाकर निकाली जाती है
और रोज एक नयी लाश
टोलों–मुहल्लों में
घर–घर घुमायी जाती है
ताकि जो देखे वह सबक ले
और बराबर सावधान रहे

रात में मेहमान को
स्टेशन से घर ले आने
या घर से स्टेशन पहुँचाने के पहले
बहुत–कुछ सोचना पड़ता है

इस शहर में
जान–माल की सुरक्षा की
कोई गारण्टी नहीं है
अपने को
काँच के सामान की तरह
सँभालकर रखना पड़ता है
क्योंकि चोट लगने और टूटने की
बहुत गुंजाइश है

मेरे दोस्त! तुम
हमारे शहर में आकर
दो–चार रोज रहना चाहते हो

यही न!
लेकिन सुनो! अभी नहीं
अभी नहीं मेरे दोस्त अभी नहीं
अभी इस शहर पर बीसवीं सदी
पूरी तरह से हावी है
कम-से-कम इस सदी को गुजर जाने दो

यह हमारा शहर है
मेरे दोस्त! इसे
अपनी आँखों से नहीं
मेरी आँखों रो देखो
मैं जानता हूँ
तुम एक मिनट भी
यहाँ नहीं टिकोगे
आओगे और आकर
घटिया शहर में बढ़िया फिल्म की तरह
फ्लाप हो जाओगे

क्या यही चाहते हो?
तो स्वागत है
आओ!
आओ!
आओ! स्वागत है!!

●●

बाढ़ की नाव

आनेवाली नाव के इन्तजार में
हम सब गहरे
और गहरे और गहरे
पानी में उतरते जा रहे हैं
शायद
बाढ़ से घिरे लोगों का
यही हश्र होता है

देखते–देखते
पानी श्मशान घाट से
चौक तक आ गया है
और हम हैं कि उसे
रामदल की तरह पूज रहे हैं

कटी बोगी के मुसाफिर भी
जैसे–तैसे
अपना सफर तय कर लेते हैं
नौकरी से निकाले गये लोग भी
कहीं–न–कहीं पेट भर लेते हैं

आक्सीजन पर चल रहे मरीज के
सगे–सम्बन्धी भी
थोड़ा–बहुत सो लेते हैं
जिनका एक पाँव हमेशा
जेल में रहता है
वे भी समय से
हाथ–मुँह धो लेते हैं

लेकिन हम
इनमें से एक भी नहीं हैं
हम वे पखेरू हैं जिन्हें
जंगल में बिखरा चावल दीखता है
जाल नहीं
अन्धा भी लाठी भर जमीन
तलाश लेता है
लेकिन हम हैं कि
लाठी पकड़ने से शरमा रहे हैं
और धोखे पर धोखा खा रहे हैं

वैसे होने को
क्या नहीं होता
लेकिन माँ भी नहीं पूछती
जब तक बच्चा नहीं रोता
बहरहाल मैं कहता हूँ
जिस तरह मुर्दा अधिक देर तक

घर में नहीं रखा जाता
उसी तरह हमें भी यह भ्रम
अपने दिमाग से निकाल देना होगा
कि जहाँगीरी घण्टा आज भी
वहीं है जहाँ
पहले कभी था

अब कभी भी
कहीं भी
कोई भी बच्चा नहीं रोयेगा
क्योंकि यह पहले से
तय हो चुका है कि
नाल बाद में काटी जायेगी
जुबान पहले

शायद, अब वह नाव
इधर कभी नहीं आयेगी
क्योंकि वह बाढ़ की नाव है
और बाढ़ की नाव
बिना किसी के डूबे नहीं आयेगी

●●

सीली माचिस की तीलियाँ

जिस तरह
मिर्च के गोदाम में
काम करनेवाले
शुरू-शुरू में
बहुत छींकते हैं, लेकिन
धीरे-धीरे वे अभ्यस्त हो जाते हैं
और एक समय ऐसा आता है
जब वे कतई नहीं छींकते—
उसी तरह
सीली माचिस की ये तीलियाँ भी
अपना जातीय संस्कार भूल गयी हैं
और
इस सीलन-भरे अँधेरे की
बुनावट का एक हिस्सा होकर
रह गयी हैं
गद्दारी का इससे बड़ा सबूत
और क्या हो सकता है?

अब तक तो
एक बहाना भी था कि
मौसम खराब है
बारिश हो रही है
धूप नहीं है
बर्फ गिर रही है
ओले पड़ रहे हैं
वगैरह-वगैरह

लेकिन अब वह बहाना भी
झूठा साबित हो चुका है
दिन-दिन-भर चटख धूप
इन तीलियों के बन्द दरवाजों को
थपथपाती है
आवाज देती है
लेकिन एक भी तीली
साँस नहीं लेती

जाने कौन-सा भय समाया हुआ है?
हारी हुई टीम के खिलाड़ी भी
इतना हताश नहीं होते
कुछ देर के लिए
उदास जरूर होते हैं
लेकिन मैदान नहीं छोड़ते

सीली माचिस की तीलियो!
सच-सच कहना
क्या इस सीलन और अँधेरे का
दबाव अधिक है
या तुमने
अपना इरादा बदल दिया है

●●

अजायबघर का घड़ियाल

इस अजायबघर में
एक ऐसा भी घड़ियाल है
जो रेत में खोयी नदी का किस्सा
गाकर सुनाता है
लोग सुनते हैं और
कुछ देर के लिए
दाँतों तले उँगली दबा लेते हैं

घड़ियाल भी कम चालाक नहीं है
बिलकुल खामोश हो जाता है
उसकी आँखें भर आती हैं
आवाज भारी हो जाती है

दूसरों के बेटे चुराने
और मंच पर खोये बेटे के बाप का
अभिनय करने में
इसे कमाल हासिल है

हालाँकि लोग उसके इस नाटक से
बखूबी वाकिफ हैं
लेकिन मजबूर हैं
इन्सानियत के तकाजे से

जब–जब उसे
चाय–पान और सिगरेट की
तलब लगती है
कायदे के मुताबिक लोग
पेश कर देते हैं
और घड़ियाल फिर चालू हो जाता है
रेत में खोयी नदी का किस्सा
उसके जबड़े से
झरने लगता है
छोटा बरई भी
बड़ा शीशा रखता है

जमाने को देखते हुए
यह कायदा कोई बुरा नहीं है
लेकिन मैं जब–जब
दीवालों पर टँगे
मुर्दा घड़ियालों की ओर देखता हूँ
तो मेरी इच्छा

अजायबघर के इस घड़ियाल के
मुँह पर थूकने की होती है

किसी भी अवसरवादी
और सुविधाभोगी को
मैंने कभी प्रायश्चित्त करते नहीं देखा
कितना अच्छा होता
अगर वह नदी आज भी
बहती रहती
कम-से-कम यह घड़ियाल
आज आँखों से दूर तो होता!

अगर जिन्दा होता तो नदी में होता
या फिर किसी दीवाल की
शोभा बन गया होता
इस तरह रोज-रोज
हमें भुनाता तो नहीं?

इसके रख-रखाव में
जितना खर्च होता है
उसका कोई हिसाब नहीं है

मैंने देखा है यह घड़ियाल
बात-की-बात में

पूरी पीढ़ी को गुमराह कर देता है
इसकी खुराक है मानव संस्कृति
सभ्यता और संवेदना

कभी–कभी सोचता हूँ कि
क्या जिन्दा रहने के लिए
मुझे भी घड़ियाल होना पड़ेगा
लेकिन अजायबघर भी मिलेगा
इसकी कोई गारण्टी नहीं है

••

जिसकी लाठी उसकी भैंस

मैं जानता हूँ
आप लाठीवाले हैं
किसी भी भैंस को चुटकियों में
दुह सकते हैं
बिना नाद और खूँटा गाड़े
उसे पाल सकते हैं
लेकिन एक बात आपसे
पूछना चाहता हूँ
ईमानदारी से बताइयेगा
क्या पानी में गयी भैंस आप
निकाल सकते हैं?

आप वही लाठीवाले हैं न!
जिसकी लाठी एक बार
साँप मारने में टूट गयी थी
और साँप भी निकल भागा था
सचमुच वह दिन बड़ा अभागा था

आज भी कलेजा काँप जाता है
वह दिन जब याद आता है

बहरहाल छोड़िये इस बात को
अगर लाठी में दम है तो
चलिये मेरे साथ
पानी में गयी भैंस जहाँ है
यहाँ से भी ज्यादा रौनक वहाँ है

मेला लगा है, मेला
भैंस निकालनेवालों का मेला
विदेशों में भी चर्चा है
लाखों की भीड़ है, करोड़ों का खर्चा है

हजारों टेण्ट गड़े हैं तम्बू तने हैं
सैकड़ों तो गेट बने हैं
तरह-तरह के शिविर खुले हैं
सब-के-सब दूध के धुले हैं

जहाँ भैंस निकालनेवालों का डेरा है
वहाँ पुलिस का मजबूत घेरा है
पानी में गयी भैंस से
वहाँ इतनी आमदनी हो रही है
कि हर साल प्रदर्शनी-पर-प्रदर्शनी
हो रही है

उसे देखने के लिए लोग
टूटे पड़ रहे हैं
टिकट के लिए लड़ रहे हैं

उसी में किसी का सिर फूट रहा है
किसी का प्राण छूट रहा है

अजीब तमाशा है
अरे भाई! पानी में गयी भैंस है
कि बाबा जी का बताशा है

कितने पैदल हैं, कितने साइकिल से
कितने ट्रेन की छतों पर बैठे हैं
कितने नयी-नयी कारों में
जीपों में ऐंठे हैं

लोग चले जा रहे हैं भैंस निकालने
टिफिन लिये थर्मस लिये
नारा लगाती ठसाठस भरी बस लिये

कितने साले बीनवाले आये
और बीन बजाते-बजाते

झाग फेंकने लगे
एक दूसरे का मुँह देखने लगे

एक ने तो भैंस के घुटनों में
सिर भी दे दिया
लेकिन वाह रे भैंस वाह !
तुमने पागुर नहीं किया तो नहीं किया

अक्सर लोग आपस में बतियाते हैं
दुनिया-भर के अकलमन्दों से
वह भैंस अकेली लड़ रही है
बल्कि भारी पड़ रही है

सुना है जिसकी लाठी होती है
उसकी भैंस होती है
आप लाठीवाले हैं चलिये न
कुछ माहौल वहाँ का बदलिये न
फिर हाथ में लाठी है
तो काम लीजिये
या फिर लाठी मुझे दीजिये
आप मेरी कलम थाम लीजिये

लेकिन इस कलम के चलते
हाथ के कलम होने का खतरा है

क्या यह खतरा आप उठायेंगे
वाल्मीकि की धरोहर है
वाल्मीकि तक पहुँचायेंगे?

फिर यह सब काम पत्रकारों का है
पत्रकार लिखें
हम क्यों बेकार लिखें

आश्चर्य है कि जिसे
पानी में गयी भैंस नहीं दिखायी पड़ती
कैसे उसे आसमान में उड़ता
हेलीकाप्टर दिखायी पड़ता है
वही हाल है कि भूखे बाज को
रात में भी कबूतर दिखायी पड़ता है

कैसे-कैसे लोग आज कलम से
खेल करते हैं
जिसकी रोटी खाते हैं
उसी को ब्लैकमेल करते हैं

सच पूछिये तो
पानी में गयी भैंस को
कोई निकालना नहीं चाह रहा है
क्योंकि भैंस अगर निकल गयी तो

हजारों–लाखों सड़क पर आ जायेंगे
अभी तक जिनकी बीसों घी में है
कल वे क्या खायेंगे?
सब अपना–अपना भविष्य बाँच रहे हैं
इसीलिए भैंस के आस–पास
नाच रहे हैं

पानी में गयी भैंस
बहुत लम्बी योजना है
यह कब तक चलेगी
लाठीवालों को सोचना है

भैंस निकालने जब
लाठी चलेगी
भैंस अपने–आप निकलेगी
लाठी भीड़ भगाती चलेगी
रास्ता बनाती चलेगी

लाठी जिसके हाथ होगी
पानी में गयी भैंस
उसके साथ होगी

●●

केंचुए का पर्याय

पहले
वह थोड़ा–सा नरम पड़ा
फिर धीरे–धीरे धनुष हुआ
और अब
रबर होने की तैयारी में
जी जान से जुटा है

ऐसी बात नहीं कि
उसके पास रीढ़ नहीं है
रीढ़ है मगर
बेचारी जरूरत और आदत की मारी है
नरम पड़ना
धनुष होना
और रबर की तरह फैलना
उसकी खानदानी बीमारी है

फिर यह भी तो है
केंचुए का पर्याय
आदमियों में ही मिलता है
जानवरों में नहीं।

●●

संस्कार

बेटे!
लड़ाई रोकना मत
लड़ते रहना वैसे ही जैसे
अकाल में गाँव का कुआँ लड़ता है
लड़ते-लड़ते खाली हो जाता है
और फिर भरता है लड़ने के लिए
लड़ना और निरन्तर लड़ना
अब हमारी परम्परा बन चुका है

यह मत भूलना कि
लकड़हारों के बीच
हरा पेड़ छोड़कर आया हूँ
हरा पेड़
तुम्हें भी वही पाठ पढ़ायेगा
जिसे मैंने पढ़ा था,
मेरे पिता ने पढ़ा था
पिता के पिता ने पढ़ा था
वही पाठ तुम भी पढ़ना

बेटे!

लड़ाई रोकना मत लड़ते रहना
वैसे ही जैसे किसान हाकिम से लड़ता है
मजदूर मालिक से लड़ता है
लड़ते-लड़ते किसान टूट जाता है
मजदूर लहूलुहान हो जाता है लेकिन
इतिहास इसी लड़ाई का साक्ष्य देता है

फिर वह भी कैसी लड़ाई है
जिसका इतिहास नहीं होता
हमारी लड़ाई का
कल भी एक इतिहास था
आज भी एक इतिहास है
और अगर लड़ाई बन्द नहीं हुई
तो भविष्य में भी
इसका इतिहास सुरक्षित रहेगा

हमारी लड़ाई किसी घराने का
कालपात्र नहीं है
यह एक संस्कार है और संस्कार
पीढ़ी-दर-पीढ़ी चला करता है
मरता नहीं

दबा हुआ आदमी

इस भीड़ में
कोई आदमी
दबा हुआ लगता है
बहुत दबी-दबी-सी आवाज
किसी कोने से आ रही है

मैं
काफी देर से सोच रहा हूँ
कि आखिर इतना
दबा-दबा स्वर
आदमी के अलावा
और किसका हो सकता है

भीड़ के बीचोबीच पहुँचकर मैं
और असमंजस में
पड़ गया हूँ
मुझे हर कोने में
वही दबी आवाज सुनायी पड़ती है
लगता है हर कोने में

कोई-न-कोई आदमी ही दबा है
यह भी कैसा आश्चर्य है कि
हर दबे आदमी की आवाज
एक जैसी होती है

मैंने कई बार इस भीड़ में
दबे हुए आदमी को खुलकर पुकारा है
लेकिन पता नहीं क्या सोचकर
वह चुप लगा गया है

मैं सोचता हूँ
मुझे स्वयं दबे हुए आदमी के पास
पहुँचना चाहिए
शायद मुझे अपने करीब पाकर
कुछ खुलकर वह कह सके
क्योंकि दबे हुए आदमी के पास
कहने को
बहुत-कुछ होता है

●●

ट्रक

रात के सन्नाटे में
बेतहाशा भागता हुआ यह ट्रक
कहाँ जा रहा है?

पता नहीं इसका ड्राइवर
सो रहा है कि जाग रहा है
या नशे में चला रहा है
कहीं किसी को कुचलकर तो नहीं भाग रहा है?

पिछले दिनों जब एक स्कूली बच्चा दबकर मरा था
तब भी ट्रक इसी रफ्तार से गुजर गया था
हालाँकि दिन था
और उस पर एक सिपाही भी बैठा था
जो अगले चौराहे पर ट्रक रुकवाकर उतर गया था
महीनों पहले इसी तरह एक ट्रक
पटरी पर सो रहे दिन–भर के थके–हारे
बीसियों रिक्शावालों को कुचलता हुआ चला गया था

सुबह पुलिस आयी
पंचनामा हुआ
पोस्टमार्टम हुआ
और सब रफा-दफा हो गया
न किसी ने ट्रक का पीछा किया
न पता लगाया

कभी-कभी ट्रक का पीछा करना भी
मौत को न्योता देना होता है
एक दारोगा तीन सिपाही ट्रक का पीछा करने
में ही तो मारे गये
शायद उस ट्रक पर चोरी का गाँजा लदा हुआ था

इस समय तो शहर के बाहर नदी पर
पुल भी बन रहा है
शहर के दूसरे छोर पर मकान भी बन रहे हैं
जरूर इस ट्रक पर
चोरी की सीमेण्ट, ईंट, सरिया लदी होगी

आजकल चोरी की दवाएँ भी ट्रकों में
पकड़ी जा रही हैं
हो सकता है दवाएँ ही लदी हों!
हो सकता है पुलिस ने कुछ दूर तक पीछा भी किया हो
ट्रकवाले से कुछ लिया हो!

या रातोंरात कहीं दंगा तो नहीं हो गया है
कहीं कर्फ्यू तो नहीं लग गया है
और उस दंगे कर्फ्यू में मारे गये लोगों की
लाश लदी हो ट्रक पर

बकरीद का त्योहार करीब आ रहा है!
शायद बकरे लादे हों
या सेना के भगोड़े सैनिक सवार हों
इनमें से कुछ भी हो सकता है

मैं नहीं सोच पा रहा हूँ कि आखिर
ट्रक इतना तेज क्यों भागा चला जा रहा है?

कई बार मेरे मन में आया है कि
कमरे से बाहर निकलकर भागते हुए
ट्रक के बारे में पूछूँ लेकिन तब तक
वह ट्रक पता नहीं कहाँ-से-कहाँ पहुँच जाता है
और फिर दूसरे ट्रक की आवाज
आने लगती है
फिर एक और की
फिर एक और की

ऐसे ही रोज रात के सन्नाटे में
ट्रक-पर-ट्रक गुजरते रहते हैं

और मैं जागता रहता हूँ सोचता रहता हूँ
कि आखिर यह ट्रक
इतना तेज क्यों भागा चला जा रहा है
कहीं कुछ हो तो नहीं गया?

●●

सौदा

यह सच है कि
किसान से सौदा
महाजन करता है
महाजन से सौदा
डाकू करता है
डाकू से सौदा
पुलिस करती है
और पुलिस से भी सौदा
नेता करता है

लेकिन नेता से सौदा?
नेता से सौदा
सिर्फ नेता करता है
और कौन
इतना नीचे गिरता है!

●●

पकी फसल का दर्द

पकी फसल के साथ
ऐसा होता है
अक्सर ऐसा होता है
फसल कटते ही
बँटाईवाले आ जाते हैं
और दाना–भूसा सब
उठा ले जाते हैं

पकी फसल के साथ
ऐसा होता है
अक्सर ऐसा होता है
वह जिसके खेत की होती है
भूलकर भी उसके घर नहीं जाती
वह जाती है उसके घर
जिसने उसे बोया नहीं
जिसने उसे सींचा नहीं
बिलकुल गाँव की लड़की जैसे
कन्यादान में सिर झुकाकर

खड़ी हो जाती है
मुँह खोल नहीं सकती
कुछ बोल नहीं सकती।
और धीरे–धीरे
तवे से उतरी रोटी की तरह
सूखती जाती है
ऐंठती जाती है

पकी फसल के साथ
ऐसा होता है
अक्सर ऐसा होता हे
कभी–कभी वह
कटने से पहले ही
बिक गयी होती है

कभी ऐसा भी होता है कि
कटने से पहले उसमें
जो कुछ भी रहता है
कटने पर उसमें से
वह भी नहीं निकलता है
और किसान पहले
हाथ मलता है
फिर पेट मलता है
फिर सिर पकड़कर बैठ जाता है

पकी फसल के साथ
ऐसा होता है
अक्सर ऐसा होता है
उसका हँसना मुस्कुराना
हवा में तैरना लहराना
ऊपरवाले से यानी आसमान से
देखा नहीं जाता
वह एक-न-एक दिन
पकी फसल पर फट पड़ता है

और जब आसमान फट पड़ता है
तो पकी फसल एक
खबर बन जाती है
फिर तो लोग
खबर में रस लेने लगते हैं
पकी फसल के साथ
ऐसा होता है
अक्सर ऐसा होता है

••

अभिशापित पेड़

पहले यह पेड़ ऐसा नहीं था
इसकी छाया में
मदरसा लगता था
मेले जुड़ते थे
थके–हारे बटोही छँहाते थे
बारातें ठहरती थीं
झूले पड़ते थे
और चरवाहे अक्सर इसकी छाँह में
अहरा फूँकते दिखायी देते थे

लेकिन अब लोग
इसकी परछाईं से भागते हैं
इसका नाम सुनते ही काँप जाते हैं
औरतें छोटे बच्चों को
इधर आने से मना करती हैं
शायद यह पेड़ अभिशापित हो चुका है
और अपना विश्वास खो चुका है

ऐसा देखने में आया है कि
इसकी छाँह में पहुँचते ही आदमी
विक्षिप्त हो जाता है

उसके चेहरे का रंग बदल जाता है
उसकी दृष्टि और मानसिकता बदल जाती है
वह एकटक पेड़ को निहारने लगता है

जो इसका फल खाता है
वह अपनी बोली भूल जाता है
और पेड़ की परिक्रमा करने लगता है

हमारे गाँव के आधा से ज्यादा लोग
इस पेड़ के शिकार हो गये हैं
कितने एकटक निहार रहे हैं
कितने परिक्रमा कर रहे हैं
और जब से पेड़ की शाखाएँ
गाँव की ओर फैलने लगी हैं
तब से बचे-खुचे लोग भी
गाँव छोड़कर शहर भागने की
तैयारी में हैं

पेड़ काटने का साहस
अब किसी में नहीं है क्योंकि
पागल और गूँगा होने का खतरा
अभी भी बना हुआ है

अब तो कोई काली लँगड़ी आँधी ही
हमें इस अभिशापित पेड़ से
छुटकारा दिला सकती है
कुल्हाड़ियाँ और आरे नहीं

••

कहाँ गया वह गाँव

मैं
उसे खोज रहा हूँ जो मुझे
लोकगीत पकड़ाकर गायब हो गया है

वह मेरा गाँव था, वह गाँव जिसके पास
स्वच्छ और निर्मल जलवाले ताल थे
सघन छतनार छोटे-बड़े पेड़ थे
चिड़ियों का शोर था
बच्चों की उछल-कूद भाग-दौड़
लुका-छिपी और खिलखिलाहट थी
सहज स्नेह से सने अटपटे मीठे बोल थे

मान-मनुहार और उलाहनों से भरी-भरी
आयताकार आँखें थीं
आँगन में गोबर की ताजगी थी
हरी-हरी तुलसी थी
त्योहारों के पर्व थे मेले थे
उस जमाने के क्या कहने थे

एक-एक अंग में चार-चार गहने थे

तब बड़ा भाई भी पिता था
भाभी भी माँ थी
और भतीजा भी बेटा था
पंच परमेश्वर था
मुखिया गाँव का मुख था

कहाँ गया वह गाँव?
जो मुझे लोकगीत पकड़ाकर गायब हो गया है
मैं उसे खोज रहा हूँ

●●

सुना है

सुना है
अब दूसरा कबीर नहीं होगा
जै हो
परिवार कल्याण विभाग की
जै हो

सुना है
लात का देवता
बात से नहीं मानता
आपसे बात ही करना
बेकार है

सुना है
औरतें मेकअप करने में
लेट हो जाती हैं
और गाड़ियाँ लेट होने पर
मेकअप करती हैं

सुना है

झूठ का एक रंग
सफेद भी होता है
सफेद रंग मुझे भी अच्छा लगता है
क्या आप अपना रंग
बताने की कृपा करेंगे?

सुना है
जो बच्चा एक साँस में
कई गालियाँ देता है
वह आगे चलकर दारोगा होता है

••

जोड़ा ताल

आना जी फिर आना गीत

आना जी फिर आना
गीत
इन्हीं गलियों में
तुम पर्व लिये आना
त्योहार लिये आना
तुम
फागुन में हँसता
कचनार लिये आना
हो जाना
झील–ताल
रेत की मछलियों में।
गाऊँगा
टेरूँगा
नाम से पुकारूँगा
तुम
मुझे सँवारोगे
मैं तुम्हें सँवारूँगा
खेतों में बागों में
फूलों में

कलियों में।

मेरे सँग

जंगल में घाटी में

धँसते हो

लगती है प्यास जहाँ

झरने–सा

हँसते हो

बाँहों में साँसों में

गीत तुम

पुतलियों में।

●●

सीताराम ओसारे बोले

सीताराम
ओसारे बोले
मैना, सुबह हुई।
चिलम जगाने खाँसी बैठी
रोने लगी आग कनपैठी
पीठ ठोकते
घिसी हथेली
कण्डी छुई–मुई।

लहरा लेती दरी उठी है
बटन दबा है लरी उठी है
ओढ़ पिछौरी
माथा ढाँके
शहर चली बथुई

खिड़की खोले कोठा झाँके
नीचे झाड़ू कूड़ा फाँके
जीभ काढ़

रह गयी बिवाई
तालू चुभी सुई

साँसें गिनती ओस बिचारी
गया कुहासा मेरी बारी
धूप हवा की
मिली भगत है
नथुनों भरी रुई।

●●

फूल हँसो, गन्ध हँसो

फूल हँसो
गन्ध हँसो
प्यार हँसो तुम
हँसिया की धार
बार–बार हँसो तुम

हँसो और
धार–धार तोड़कर हँसो
पुरइन के पात
लहर ओढ़कर हँसो
जाड़े की धूप
आर–पार हँसो तुम
कुहरा हो और
तार–तार हँसो तुम

गुबरीले आँगन
दालान में हँसो
ओ! मेरी लौंग कनी

पान में हँसो
बरखा की
पहली बौछार हँसो तुम
घाटी के
गहगहे कछार हँसो तुम
हरसिंगार की
फूली टहनियाँ हँसो
निंदियारी रातों की
कुहनियाँ हँसो
बाँहों के आदमकद
ज्वार हँसो तुम
मौसम की चुटकियाँ
हजार हँसो तुम।

●●

बजती हैं चूड़ियाँ सबेरे से

बजती हैं
चूड़ियाँ सबेरे से
सारा दिन बीतेगा
आज पान–फूलों में।

अधखुली किताबों के
आस–पास
ठहरा है मौसम
गेहुँवन जैसा गोरा और
छरहरा है मौसम
सजती हैं
सीढ़ियाँ सबेरे से
सारा दिन बीतेगा
अन्तरंग झूलों में।

आँगन घर खिड़कियाँ
किवाड़ लिये
डोल रहे हम
बार–बार

तिनका भर आड़ लिये

बोल रहे हम

हँसती हैं

सीपियाँ सबेरे से

सारा दिन बीतेगा

नाव

नदी

कूलों में।

●●

पौ फूटी

पौ फूटी
मुर्गे की कलगी
आँख तरेर गयी
रुनझुन-रुनझुन
गाँव गली की
ताली हेर गयी।
चिड़िया जैसी
सुबह फुदकती
आँगन में
रगड़ गयी है डैने
जूठे बासन में
बिटिया जैसी
गाँती बाँधे
कूची फेर गयी।
राम कलेवा
नैनू बासी रोटी से
बछड़ा जैसे
पोंछ गया मुँह
धोती से

सोने की करधनी

भीत पर

किरन उकेर गयी।

अपने से या

किसी और के

कहने से

दही बिलोते

भरे हाथ के

गहने से

हल्दी उबटन

बड़े चाव से

नाइन टेर गयी।

●●

जाने किसके नाम

जाने
किसके नाम
हवा बिछाती पीले पत्ते
रोज सुबह से शाम।

टेसू के फूलों में
कोई मौसम
फूट रहा
टीले पर रूमाल
नाव में
रीबन छूट रहा

बन्दगली के
सिर आया है
एक और इल्जाम।

क्या कहते
हैं पढ़ने लायक

सरसों के तेवर
भाभी खातिर
कच्ची अमियाँ
बीछ रहे देवर
नये-नये
अध्याय खोलते
नये-नये आयाम

टूट रही है
देह सुबह से
उलझ रहीं आँखें
फिर बैठी
मुँडेर पर मैना
फुला रही पाँखें
मेरे आँगन
महुवा फूला
मेरी नींद हराम।।

●●●

अमलतास फूले हैं

फूले हैं
अमलतास फूले हैं
जैसे हम
भूख–प्यास भूले हैं।

धूप–नदी बादल के
रस्ते–चौरस्ते
मौसम भर बाँटते फिरे
पीले गुलदस्ते
छन्द बँधे रूमाली मोंगरे
काँपती हथेली से झूले हैं।

पिंजड़े की मैना जैसे
खुजलाती पाँखें
सूत–सूत सुलझी हैं
दो जोड़ी आँखें
छोटे–छोटे, तिनके आवारे
बड़ी–बड़ी

चुप्पियाँ वसूले हैं।

जासूसी किताब के पन्ने
ये घाटियाँ,
जहाँ-जहाँ हम भागे
वहीं गयीं आँधियाँ
सूरज से,
डूबते प्रणाम सजल
बरगद भर चाँदनी
कबूले हैं।

●●

पर्वत के पार गयी

पर्वत के पार गयी
धूप थकी हारी
कटरे में ऊब रही
चौक की सवारी।

पीठ चढ़े बोरे हैं
और फँसे रस्ते हैं
सैकड़ों सवाल लिये
भीड़ में नमस्ते हैं
साँस नहीं लेती हैं
कल की तैयारी।

उठने को मोची है
जलने को दीया है
चाय पान की दुकान
गपशप का ठीया है
रेजगारी गिनता है
आड़ में भिखारी।

पीली कोठी की मुँडेर
उलटा पल्ला है
आँखों की किरकिरी
क्या कहें मुहल्ला है
दाँत की सुपारी है
हैसियत हमारी

●●

दिन बड़े होने लगे हैं

दिन
बड़े होने लगे हैं
लोग जैसे धूप में
कुछ फैलकर सोने लगे हैं।

कुहनियों से
हाथ जैसे
आज नंगे हो चले हैं
काँपते–से पेड़ सूने
हाँफते–से
घोंसले हैं
मलमली कुर्ते
गुलाबी सर्दियाँ ढोने लगे हैं।

ब्याह के न्यौते सरीखे
खेत हल्दी से नहाये
शोख–जैसी बस्तियाँ हैं
होंठ से आँचल दबाये

भाभियों की देह देवर
चुटकियाँ बोने लगे हैं।

फगुनहट है
छेड़ती है
और शीशे मारती है
फूटती कोंपल लजाती,
थाल बैठी आरती है
उम्र के मारे हुए
सिक्के
किताबें
चाबियाँ
खोने लगे हैं।

••

मीठे मुँह अच्छे दिन

मीठे मुँह अच्छे दिन
बार-बार आना
काठ का खिलौना हूँ
आग से बचाना।

आँगन में किलकारी
हरियाली खेत में
सिर-माथे छाँह घनी
जल देना रेत में
हल्दी के ताल
हरी दूब से नहाना।

बारहों महीने
आशीष के प्रणाम के
स्वागत में टूट रहे
पल्लव से आम के
चन्दन से रोली से
पान से निभाना।

महुवा से मिश्री से
फागुन के ताल से
धूल सने बेटे के
हँसी भरे गाल से
दूँगा मैं गीत तुम्हें
खूब गुनगुनाना।

●●

फूलों से पत्तों से

फूलों से
पत्तों से
रेत से पहाड़ों से देखना
फूटेंगे गीत नये
अधखुले किवाड़ों से देखना।

गेहूँ के
गदराये दूध भरे
दाने से दिन
लौटेंगे गलियों से
ताल के मखाने से दिन
घण्टों बतियायेगा
चाँद इन्हीं ताड़ों से देखना।

हम होंगे
तितली के पर होंगे
दूर-दूर तक
पल्लव के

कोंपल के
स्वर होंगे
दूर-दूर तक
दिन होंगे
धूल-धूल
गाँव के अखाड़ों से देखना।

●●

फागुन मेरे

फागुन मेरे गाँव गली के
नाते आना जी
तितली के पर कैसे हैं
सहलाते आना जी।

जाने
कितने मिलने और
बिछुड़नेवाले हैं
कल से
नयी रुई के गोले
उड़नेवाले हैं
सन्नाटे में
उत्सव गीत
बिछाते आना जी।

लेते आना
बौर आम के

भूल न जाना जी
बौर आम के लेने
घर से
दूर न जाना जी
हल्दी अक्षत
कैसे हैं
बतियाते आना जी
दिन चढ़ते ही
कसी–कसी
अमराई छूती है
अमराई की भरी–भरी
अँगड़ाई छूती है
दोनों पर
कविता के रंग
चढ़ाते आना जी।

●●

फागुन आने दो

टूटेंगे प्रतिबन्ध हजारों
फागुन आने दो
देखेंगे हम भी कचनारों
फागुन आने दो।

पिघलेगी
यह बर्फ टूटकर पिघलेगी
फूटेगी हरियाली
कोंपल निकलेगी
बोयेंगे हम गीत कछारों
फागुन आने दो।

गदरायेगी नीम
आम बौरायेगा
रस बरसेगा महुवा
गाँव नहायेगा
तुम भी डूबोगे कचनारों
फागुन आने दो

लाल–लाल
दहकेंगे टेसू मीलों में
लौटेगी
सौगन्ध गुलाबी टीलों में
हाथ मलोगे पहरेदारों
फागुन आने दो।

●●

पंछी जैसे लौट रहे हैं

पंछी जैसे लौट रहे हैं
मीठे गीत कछार के।

मौसम
जैसे अभी छोकरा
आँखें खोल रहा
आँखों–ही–आँखों में जाने
क्या–क्या बोल रहा
जैसे–जैसे
रँग खुलते हैं
अँग खुलते त्योहार के।

हरियाली में
हवा
और लहराकर चलती है
पत्ते–फूल टहनियों को
सहलाकर चलती है

हरदम खिला-खिला
रहता है
बड़े भाग कचनार के।

फूटी गली कि
देहरी लहटी
आँगन सगुन मनौती

गोरी देह
गहागह पियरी
हल्दी धान चुनौती
छोटी उमर
सयाने सपने
नखरे चार कहार के।

●●

भूल से हम छू गये

भूल से
हम छू गये
ओस में डूबे
शरद् के फूल से
हम छू गये।

मन
कहीं आँगन
कहीं पर्वत
कहीं जंगल हुआ है
गाँव से
बाहर निकलकर
गाँव का पीपल हुआ है
खिलखिलाती धूप में
ओझल नदी के कूल से
हम छू गये।

पगडण्डियों के बीच से
त्योहार-सा

आता रहा, जाता रहा
एक सम्बोधन नया
हर बार, मैं पाता रहा
इस बार
दरपन की तरह
जल में उतरती धूल से
हम छू गये।

●●

पोर-पोर गदरायी सरसों

पोर-पोर गदरायी सरसों
भीतर से भर आयी सरसों
नयी उमर की गोरी जैसी
पीठ फेर मुस्कायी सरसों।

महुवा हँसी बताशा बातें
पीली धूप सीपिया रातें
पानी चढ़ी जवानी जैसी
माँगे रोज सगाई सरसों।

खुले-खुले से अंग बोलते
जैसे ऋतु के रंग बोलते
सिहर-सिहर जाती है मुरही
जब छूती पुरवाई सरसों।

चिट्ठी मिली पिया की जैसे
नयी-नयी अँगिया की जैसे
खैर नहीं है इस फागुन में
देने लगी दुहाई सरसों।

●●

टेसू से धूप से

टेसू से धूप से
गुलाल से हवा
खेल गयी
फागुन के ताल से हवा।

खेतों में
गलियों में
बोल गयी डोल गयी
देवर की बातें थीं
भाभी से खोल गयी
नाच गयी
नटखट गोपाल से हवा।

आँखों ही आँखों से
रंगों में बोर गयी
लोग उधर ही भागे
हँसकर जिस ओर गयी
झूल गयी
बौरायी डाल से हवा।

आँगन में, छज्जे में
लहराकर झूम गयी
खींच गयी आँचल और
लट जैसे चूम गयी
आयी ना बाज कहीं
चाल से हवा।

••

गाल हुआ दिन

गाल हुआ
दिन भीतर–भीतर
इतना लाल हुआ।

फागुन धूप गुलाबी बातें
आँगन डाल गयी
कचनारों सी खिली दोपहर
हँसी उछाल गयी
वैसे ही था
गुड़हल गुड़हल
और गुलाल हुआ।

टेसू छुए आम को टेरे
बैठे टीलों में
साथ–साथ हम पाँव डुबोकर
देखे झीलों में
गुलमोहर की छाँह
ठठाकर हँसना
काल हुआ।

आया ही आया था कोई
घर में,
नया-नया
हँसी-हँसी में
हाथ दबाकर
हँसता चला गया
मैं ही जान रहा हूँ
जैसा, मेरा हाल हुआ।

••

कल से डोरे डाल रहा है

कल से
डोरे डाल रहा है
फागुन बीच सिवान में
रहना मुश्किल हो जायेगा
प्यारे बन्द मकान में।

भीतर से
खिड़कियाँ खुलेंगी
बौर आम के महकेंगे
आँच पलाशों पर आयेगी
सुलगेंगे कुछ दहकेंगे
घर का महुवा रँग लायेगा
चूना जैसे पान में।

फिर अधखुली पसलियों की
गुदगुदी धूप में बोलेगी
पकी फसल-सी लदी ठिठोली
गली-गली फिर डोलेगी

कोहबर की जब बातें होंगी
उँगली दोनों कान में

रात गये
पुरवा के झोंके
सौ आरोप लगायेंगे
सारस जोड़े
ताल किनारे
लेकर नाम बुलायेंगे
मन-मन भर के
पाँव पड़ेंगे
घर आँगन दालान में।

●●

फूला है गलियारे

फूला है गलियारे का
कचनार पिया
तुम हो जैसे
सात समन्दर पार पिया।

हरे-भरे रंगों का मौसम
भूल गये
खुले-खुले अंगों का मौसम
भूल गये
भूल गये क्या
फागुन के दिन चार पिया।

जलते जंगल की हिरनी
प्यास हमारी
ओझल झरने की कलकल
याद तुम्हारी
कहाँ लगी है आग
कहाँ है धार पिया।

दुनिया
भूली है अबीर में
रोली में
हरे पेड़ की
खैर नहीं है
होली में
सहन नहीं होती
शब्दों की मार पिया।

●●

बिना तुम्हारे

बिना तुम्हारे सूना लगता
फागुन कसम गुलाल की
हँसकर देने लगी चुनौती
हवा गुलाबी ताल की।

सरसों का आँचल लहराया
पानी चढ़ा टिकोरों में
महुवा जैसे साँप लोटता
रस से भरे कटोरों में
नींद नहीं आँखों में कोई
बदली है बंगाल की।

देह टूटती, गीत टूटता
छन्द टूटते फागुन में
वैरी हुए हमारे
बाजूबन्द टूटते फागुन में
रोज दिनोंदिन छोटी होती
अँगिया पिछले साल की।

जाने कैसे-कैसे सपने
देखा करती रातों में
आग लगी आँचल में जैसे
दरपन टूटा हाथों में
डर है कोई सौत न छीने
बिंदिया मेरे भाल की

●●

कितना अच्छा लगता था

कितना अच्छा लगता था
हाथों में हाथ लिये
साथ-साथ चलना
दिन-दिन भर
इधर-उधर
घूमना टहलना
कितना अच्छा लगता था।

हम चलते थे साथ हमारे
पूरा एक शहर चलता था
यह भी ले लो, वह भी ले लो
लेकिन और अगर चलता था
छुई-मुई घड़ियों में
जंगली लकड़ियों में
जोड़ा खरगोश का उछलना
कितना अच्छा लगता था।

आँखों में आँखें होती थीं
बाँहों भरी बिजलियाँ होतीं

दरपन होती झील
झील की मछली
चार पुतलियाँ होतीं
मुँह पर जल के छींटे
छींटों में होंठों का
मधुर-मधुर जलना
कितना अच्छा लगता था।

छोटे-छोटे सुख थे जैसे
समय पूछना घड़ी मिलाना
चलते-चलते बीच सड़क पर
बाँह पकड़कर याद दिलाना
धूप ढले
अँजुरी में जूड़े का खिलना
तारों में चाँद का निकलना
कितना अच्छा लगता था।

••

जाने किसने छुआ चैत में

जाने
किसने छुआ चैत में
हल्दी धान बँटा गीतों में
गुड़–गेहूँ घर हुआ चैत में

अरहर पकी
आम गदराये
महुवा मारे फूल
सेमल प्यारे
तुमसे अच्छे
हैं ये बेर–बबूल
सिर धुनता
पछताता रोता
कान पकड़ता
सुआ चैत में।

गलियारे की
नीम छरहरी
देती जैसे हाथ

फिर–फिर आना
भूल न जाना
इतने दिन का साथ
होंठ काटती
हिचकी लेती
डोली बैठीं
बुआ चैत में।

●●

छतरी–छतरी तेज धूप में

छतरी–छतरी
पटरी–पटरी
तेज धूप में
गुजर गये तुम
गठरी–गठरी
तेज धूप में।

चन्दन–चन्दन
महुवा–महुवा
छुई–मुई से
देह हुई है
सेमल–सेमल
रुई–रुई से
छना पसीना
अँचरी–अँचरी
तेज धूप में।

सिकुड़न–सिकुड़न
लहरी–लहरी

उभरी जैसे
कसमस–कसमस
कछुवा चाल
दुपहरी जैसे
दूब हुई है
हँफरी–हँफरी
तेज धूप में।

मेंढक निगली
साँपिन जैसे
करवट–करवट
भाग न पाती
भले फँसी है
सरपट–सरपट
छुवन खिली है
ककरी–ककरी
तेज धूप में।

पग–पग जैसे
सतर–सतर
अक्षर उतरे हैं
मुखर–मुखर स्वर
नूपुर–नूपुर
भर उतरे हैं
भीड़ हुई है

मछरी–मछरी
तेज धूप में।

अथरी–अथरी
बँधे दही की
हलचल जैसे
सावन की बेतवा
लाँघती चम्बल जैसे
प्यास हुई है
गगरी–गगरी
तेज धूप में।

●●

बादल टूटे ताल पर

बादल
टूटे ताल पर
आटा सनी हथेली जैसे
भाभी पोंछ गयी
शोख ननद के गाल पर।

कजलीवन लौटी पुरवाई
गाता विन्ध्याचल
गंगा में जौ बोता खुलकर
इन्द्रधनुष आँचल
मीठा-मीठा चुम्बन हँसकर
मौसम पार गया
नयी फसल के भाल पर।

बन्द गली की कसम न टूटी
गाड़ी छूट गयी
लहरों में ही आर-पार की

माला टूट गयी
तन जैसे पिंजरे का पंछी
मन का हाल वही
जैसे दूध उबाल पर।

●●

बिजली ननद कुँवारी

बिजली ननद कुँवारी
बरखा भाभी गोद भरी
हँसी.ठिठोली नोक झोंक है
झूले की कजरी।

मेंहदी–मेंहदी
खिली हथेली
आँखें काजल–काजल
हँसते–हँसते
लदे पीठ पर
देवर जैसे बादल
बरजोरी
गुदगुदी चिकोटी
डली–डली मिसिरी।

धूप सरीखी ओझल–ओझल
साँस सूप फटकारे
घर में बैठी–बैठी जब तब
बिटिया बहू पुकारे

घर में जैसे
घर है कोई
बखरी में भी बखरी
रोटी की चित्ती भर गुस्सा
रोना-धोना घी-भर
बालू-बालू बँटी जिन्दगी
बहता प्यार नदी भर
बना रहे घर
साग विदुर का
बनी रहे शबरी।

●●

हिरना आँखें

हिरना आँखें झील-झील
गलियारे पिया असाढ़ में
गलियारे की नीम निमौली
मारे पिया असाढ़ में।

मेंहदी पहन रही पुरवाई
उतरी नदी पहाड़ों से
देख रहे हैं उड़ते बादल
हम अधखुले किवाड़ों से
आग लगाकर
भाग रहे
आवारे पिया असाढ़ में।

दूर कहीं बरसा है पानी
सोंधी गन्ध
हवाओं में
सिर धुनती लौटेंगी लहरें
कल से
इन्हीं दिशाओं में

रेत की मछली
छू जाती
भिनसारे पिया असाढ़ में।

दिन.भर देते हाथ
बुलाते टीले
हरे कछारों में
देह हुई है
महुवर–जैसी
आज मधुर बौछारों में
इन्द्रधनुष की छाँह
और
उद्गारे पिया असाढ़ में।

••

सीलन ने घर बना लिया

सीलन ने
घर बना लिया फिर
फर्श और दीवारों में।

बोने लगीं घटों
रिमझिम-रिमझिम
घड़ी-घड़ी
हवा हो गयीं
तेज धूप की बातें
बड़ी-बड़ी
दुपहरिया जैसे कागज की
नाव चली
गलियारों में।

ताल किनारे
लगे उतरने
जोड़े सारस के
हरदम बोला करते
जैसे घाट बनारस के

दिन सगुनाये
रातें महकीं
मेंहदी बँटी हजारों में।

मन जैसे
बरखा का पानी
डोले इधर-उधर
अथवा जैसे
नया डाकिया
काट रहा चक्कर
हम होंगे
जैसे कल होगा
टूटा पुल अखबारों में।

●●

आ गये उस पार से

आ गये
उस पार से इस पार
बादल आ गये
लो पढ़ो
यह आज का अखबार
बादल आ गये।

पर्वतों को लाँघते
झकझोरते जंगल
हवा से खेलते बादल
घाटियों को गुदगुदाते
छेड़ते झरने
शिलाएँ ठेलते बादल
लिख गयी
चारों तरफ जलधार
बादल आ गये।

केवड़े फूले
पकी जामुन, नदी लौटी

पसीना खेत में महका
घाट पर फूटे घड़े
पनिहारिनें बिछलीं
कछारों में हिरन बहका
भीड़ में
खुलकर मिले त्योहार
बादल आ गये।

भीड़ के हाथों लगी
झूले चढ़ीं
मीठी फुदकती कजलियाँ भोली
घर चलो
मेरी पहाड़ी नागिनों अब
गुनगुनाती तितलियाँ बोलीं
पटरियों से
उठ गये बाजार
बादल आ गये।

●●

आँगन घिरी अटारी बरसी

आँगन घिरी
अटारी बरसी
पहली घटा असाढ़ की।

ताले तोड़ गयी मन के
दरवाजे खोल गयी
चूड़ी भरी कलाई
आँखों-आँखों
बोल गयी
महकी
सारी रात अँतर-सी
पहली घटा असाढ़ की।

दिन की
सारी थकन जलन
पुरवाई मेंट गयी
भरी देह की
खुली-खुली
अँगड़ाई भेंट गयी

मुँहबोली
सिर चढ़ी लतर-सी
पहली घटा असाढ़ की।

गहरी-गहरी
साँसों की
मीठी सिसकारी में
आँधी-पानी
दोनों जैसे
महुवाबारी में
टूट गिरी
काली जन्तर-सी
पहली घटा असाढ़ की।

●●

एक फूल फूला

एक फूल फूला बरसात का निहोरा
मार गया मन्तर वह डाल गया डोरा
धान हरे हैं मेरे पान हरे हैं मेरे
हँसकर खींचे कुर्ता मेंहदी साँझ सबेरे,
रंगारंग इन्द्रधनुष आँचल है कोरा
क्या करें अजन्ता हम क्या करें एलोरा।
नयी-नयी हैं बेलें नये-नये हैं थाले
बेटा-बेटी जैसे रामभरोसे पाले
मन जैसे भींज रहा चीनी का बोरा
गौरैया पगली है पीटती ढिंढोरा।
ऊँची-नीची मेंड़ें गले-गले हरियाली
गंगा गौरी जैसी मेरी है घरवाली
बड़ी-बड़ी आँखें मुखड़ा गोरा-गोरा
अँजुरी में गरम-गरम दूध का कटोरा।

••

पाल बँधा मौसम

पाल बँधा मौसम तिरपाल बँधा मौसम
मैला आँचल पढ़ता ताल बँधा मौसम।

सावन का झूला है गुड़िया का मेला है
परदेसी सारस है भीड़ में अकेला है
गरज रहे हैं बादल कौंध रही है बिजली
ठहरा है मोड़ पर सवाल बँधा मौसम।

रोज हमारे घर में मेला और तमाशा
चार–चार हैं देवर–भाभी एक बताशा
पत्ती–पत्ती खेले पोर–पोर झूमे
घर के गुलमोहर की डाल बँधा मौसम।

चारों धाम हमारे आँगन खेत कियारी
हर की पौड़ी जैसी गूँज रही किलकारी
मुँहबोला मिट्ठू है अनार पर लट्टू
खोल रही मैना रूमाल बँधा मौसम।

●●

डूब गया है मन मेरा

डूब गया है मन मेरा
सावनी हवाओं में
भूल गया सीमाएँ सारी
घिरी घटाओं में।

दुहरी–तिहरी शोख हँसी
पुरवाई का आलम
चढ़ी नदी की देह और
अँगड़ाई का आलम
नस–नस में
बिजलियाँ दौड़तीं
आग शिराओं में।

हँसता है आकाश सीपिया
गोरी बाँहों में
जैसे चारों धाम डोलते
खुली निगाहों में
आओ हम भी
पंछी जैसे
उड़ें दिशाओं में।

धार–धार मौसम आवारा
धार–धार बादल
आँखों में हरियाली जैसे
आँज रही काजल
ऐसे,
कब तक भटकेंगे हम
बन्द गुफाओं में।

••

गुलमुहर काली घटा

गुलमुहर
काली घटा
आधी जुलाई क्या करूँ
फिर किसी ने फूँककर
मारी है राई क्या करूँ।

दूर से
छूती नदी है
पास से काली पहाड़ी
बात मुँह की छीनता है
सिर चढ़ा मौसम अनाड़ी
शोख रंग
भोली हँसी
मीठी ठिठाई क्या करूँ।

आ गये तुम
घर हुआ है

दूध में भींगा बताशा
झाँकियाँ–ही–झाँकियाँ हैं
राग रंग मेला तमाशा
एकादशी की शाम यह
नमकीन लाई क्या करूँ।

••

बड़ी प्यारी घटाएँ हैं

बड़ी प्यारी घटाएँ हैं
रात की जागी
थकी–हारी
तुम्हारी ही तरह
ये नींद की मारी घटाएँ हैं।

घटाओं में
हँसी चुप्पी शरारत
और बातें हैं
बँधे पानी की हलचल है
खुले आँगन की रातें हैं
रास्ते में खेत में
दालान में छत पर
जहाँ हो तुम
वहीं सारी घटाएँ हैं।

इन्द्रधनुषी ताल की
गहरी छुअन

बोले न बोले
आईने से पूछ लेना
है कहाँ
कच्चे अभोले
सब तुम्हारे साथ जैसे
पान के भीटे बगल में
धान की क्यारी घटाएँ हैं।

●●

रस्ते में बादल

रस्ते में बादल
दो–चार छू गये
घर
बिजली के
नंगे तार छू गये।

आँगन से भागे
दालान में गये
एक अदद
मीठी मुस्कान में गये
अँधियारे
सौ–सौ
त्योहार छू गये
बाँहों में झील भरे
ताल भरे हम
फ़ूलों से लदी–लदी
डाल भरे हम
केवड़े कदम्ब

बार–बार छू गये।

बरखा में हरे–हरे
धान की छुअन
नहले पर दहला
मेहमान की छुअन
घर बैठे
बदरी–केदार छू गये।

••

कैसे-कैसे दिन होते थे

कैसे-कैसे दिन होते थे
ताल-ताल छूता था कोई
हम पुरइन पुरइन होते थे।

धूप-धूप थे हवा-हवा थे
जवा कुसुम थे पुनर्नवा थे
लहर-लहर
होते थे पलछिन
पलछिन पुलिन-पुलिन होते थे

एक-एक हिलकोर याद है
आँख मिचौली चोर याद है
बातों में
तुलसी होते थे
बातों में लेनिन होते थे।

खुलकर और ठठाकर हँसते
पानी में गर्दन तक धँसते
हम होते थे
सहज भीड़ से
रस्ते जहाँ कठिन होते थे।

••

जाने आज कहाँ की नागिन

जाने
आज कहाँ की नागिन
डोले आधी रात
मुआ पहाड़ी सुआ न माने
बोले आधी रात।

सूने-सूने, घर आँगन
गलियारे टीस रहे
खुली पीठ पर नागफनी
अँधियारे टीस रहे
टीस रहे हैं नाव-नदी
हिचकोले आधी रात।

तितली पकड़े
तिनका तोड़े
लहर लपेटे से
बढ़ती है तकलीफ आँच में
देह समेटे से

दोनों करवट ओले और
फफोले आधी रात।

ये,
पीपल पुरवाई दोनों
हँसकर पूछ रहे
आज और ताने पर ताना
कसकर पूछ रहे
बरसों हुए दौड़कर खिड़की
खोले आधी रात।

●●

हल्दी के रँग डूबा

हल्दी के रँग डूबा
हाथ मिला शाम का
आधा मन महुवे का
आधा मन आम का।

खुला–खुला मौसम था
बँधा–बँधा ताल था
ऐसे में
पुरइन का पत्ता बेहाल था
सूने तट फैला था
बिरहा विश्राम का।

होंठों पर गीत और
आँखों में नींद थी
लौटेंगे
पंछी फिर ऐसी उम्मीद थी
गूँगों के साथ रहा
किस्सा गुलफाम का।

सूखे में
मेरा सुख
पुरवट का धान था
कच्चा था सौदा पर
पक्का ईमान था
नहीं हुआ बदली का
नहीं हुआ घाम का।

••

हवा बही बादल मँडराये

हवा बही बादल मँडराये
जाने कितनी बार
बँधी नाव से हम टकराये
जाने कितनी बार।

अँधियारे उजियारे चर्चा
धान-पान की थी
अँजुरी में पूरी तैयारी
दीप-दान की थी
मुँह खोले पर बोल न पाये
जाने कितनी बार।

झरना जंगल खेत पहाड़ी
सब थे आँखों में
बैठे ही रह गये सिमटकर
अपनी पाँखों में
आँख बचाये हाथ कटाये
जाने कितनी बार।

आँगन के खिड़की के मीठे
किस्से होते थे
आधा-आधा हम दोनों के
हिस्से होते थे
दिन-दिन भर हम ताल नहाये
जाने कितनी बार।

तितली टीले फूल घाटियाँ
सँग-सँग ऊब गये
सूरज डूबा तारे निकले
वे भी डूब गये।
कह करके तुम स्वयं न आये
जाने कितनी बार।

••

भरी-भरी बदली है

भरी-भरी बदली है
मेरे घर उतरी है
बरखा के स्वागत में
सगुन दही मछरी है।

चाँदी भर हँसती है
सोने भर खिलती है
दुलहिन की देह किसी
दुलहिन से मिलती है
आँखों में सावन है
होंठों पर कजरी है।

आँखों में झील-ताल
गालों में कुइयाँ हैं
हाथों-में-हाथ लिये
बचपन की गुइयाँ हैं
दूध के कटोरे में
बोल रही मिसिरी है।

फूलों की घाटी है
गीतों की भाषा है

बाँहों–ही–बाँहों में
घर की परिभाषा है
गोपी के सिर जैसे
गोरस की गगरी है।

आँगन की तुलसी है
गंगा है गौरी है
दरपन के हाथ हँसी
पान की गिलौरी है
लाज–शील की मारी
छुई–मुई गठरी है।

●●

बरस गये मेघ पिया

बरस गये मेघ पिया
धुली अँगनइया
मौसम है ठनाठन
बोलता रुपइया।

बूँद–बूँद भींगी मैं
धार–धार भींगी
बार–बार काम पड़ा
बार–बार भींगी
पीट गयी ढोल
बड़ी शोख पुरवइया।

काजल के फूल खिले
ताल के किनारे
मधुवन की जून हुई
बाँसुरी पुकारे
पंख फड़फड़ाती है
लाज की चिरइया

इन्द्रधनुष मोर पंख
और बेल–बूटे
अगवारे–पिछवारे
अनायास फूटे
छज्जे दालान गली
ता ता ता थइया।
हँस–हँसकर टेर रही
हरी–हरी क्यारी
सम्मोहन मन्त्र आज
पढ़ती फुलवारी
फेरो न पीठ सुनो
ननदी के भइया।

••

हँस–हँसकर मार गये

हँस–हँसकर
मार गये बिरहा के बान
पिया बादल बड़े बेईमान
आँखों–ही–आँखों में
झाँकते रहे
मौसम के नये फूल
टाँकते रहे
मीलों में
खोल गये हरे–हरे थान
पिया बादल बड़े बेईमान।

झीलों से तालों से
घेर गये मन
ले–लेकर हाथों में
फेर गये मन
सूने में
छेड़ गये कजरी की तान
पिया बादल बड़े बेईमान।

बरखा की मीठी
बौछार की कसम
मौसम के आगे फिर
हार गये हम
अँजुरी में
सौंप गये पूजा के पान
पिया बादल बड़े बेईमान।

फिर आना टीले पर
बोल गये हैं
अँधियारे में खिड़की
खोल गये हैं
रस्ते में
ठहरे हैं आँधी-तूफान
पिया बादल बड़े बेईमान।

••

गिनती के हैं मीत हमारे

गिनती के हैं मीत हमारे
बादल
पंछी
ताल किनारे।

बिना मिले इतनी बेचैनी
एक–दूसरे की हम खैनी
पग–पग पर
संगम–ही–संगम
क्या अँधियारे
क्या उजियारे।
सारे रिश्ते छूट गये हैं
जलसे–मेले छूट गये हैं
ले–देकर
बस यही बचे हैं
पागल–जैसे साँझ–सकारे।

अमराई पुरवाई जीते
पता नहीं कितने दिन बीते

पखवारे-पखवारे जैसे
सूरज डूबा, निकले तारे।

मुझ पर इनकी बड़ी कृपा है
कुछ भी मेरा नहीं छिपा है
सब-कुछ, खुला-खुला है जैसे
खुली किताबें
खुले ओसारे।

●●

अनायास हम कई बार

अनायास
हम कई बार
दिन में टकराये हैं
लगता है
फिर वही भुलैना
तिनका खाये हैं।

बादल जैसे उमड़-घुमड़कर
हम रह जाते हैं
पंछी जैसे तेज हवा में
बह-बह जाते हैं
भीड़-भाड़ में
साथ-साथ
डूबे-उतराये हैं।

बजती हैं सीढ़ियाँ और
गलियारे हँसते हैं
खुलकर और ठठाकर
ताल किनारे हँसते हैं

साथ–साथ हम
ओस नहाये
धूप नहाये हैं।

कहने के सुनने के भी
अन्दाज अनोखे हैं
बन्द गली में जैसे
जालीदार झरोखे हैं
ऊधो जैसे
गिरते–पड़ते
मथुरा आये हैं।

दरपन का जी भरा नहीं है
आँख मिलाने से
रोक नहीं सकता है कोई
फिर मुस्काने से
अभी मिले हैं
फिर मिलने की
आस लगाये हैं।

●●

मन जैसे फिर डूब गया है

मन जैसे
फिर डूब गया है
यादों की गहराई में।

ताल कहीं छूते हैं हँसकर
बस्ती छूती है
और खुले में त्योहारों की
मस्ती छूती है
जाने कितनी चुहल भरी है
मुँहबोली पुरवाई में।

हँसना और लिपटकर हँसना
अक्सर होता था
आँखों में सपने–ही–सपने
मौसम बोता था
छोटी–सी वह भूल दुबारा
डाल गयी कठिनाई में।

हरे–हरे संकेत खेत से

सीधे आते थे
कहीं भीड़ से आँख कहीं हम
देह बचाते थे
बदली हुई किताबों–जैसी
ऋतुएँ रहीं पढ़ाई में
फूलों से दिन सूख गये हैं
दबकर चित्रों में
उसकी भी गिनती थी
मेरे अच्छे मित्रों में
नाम नहीं रूमाल में था तब
गाँठ नहीं थी टाई में।

●●

तट पर छाप पड़ी है गहरी

तट पर
छाप पड़ी है गहरी
चाहे जितनी दूर बहो तुम
मेरी गंगालहरी।

मेले
उत्सव-पर्व
तुम्हारी कथा सुनाते हैं
पान-फूल अँजुरी में लेकर
मौसम आते हैं
आती छाँह सलेटी आँगन
आती धूप सुनहरी।

सुख मिलता है
बीते कल की चर्चा करने से
भरती नहीं
कभी भी अँजुरी
बालू भरने से
देख रही

आकाश निरन्तर
नाव रेत में ठहरी।

जब होता है
घाट अकेला
आहट होती है
आहट मरती नहीं और
झुँझलाहट होती है
जन्म-जन्म
देना है पहरा
हम अभिशापित प्रहरी।

●●

आज सुबह से

आज
सुबह से मन डूबा है
मीठी यादों में।

धूप
ताल की छुअन
हवा की सिरहन जीता हूँ।
मैं
दरपन की ओट
हँसी की चितवन जीता हूँ
फागुन.चैत उतर आये हैं
सावन भादों में।

तरह-तरह की भूल
भीड़ में
हँसकर छूती है
बाँहों-ही-बाँहों में
जैसे
धँसकर छूती है

आग!
तुम्हारा स्वागत है
आओ प्रह्लादों में।

बहुत दिनों पर
मौसम भी
अनुकूल हुआ है जी
सम्बन्ध कहीं कुछ सूक्ष्म
कहीं स्थूल हुआ है जी
अपवादों में रहकर कैसे
पड़ू विवादों में।

●●

शीशे ने शीशे को

शीशे ने शीशे को
सहसा छुआ
अँधेरे में।

उलट गया कैलेण्डर जैसे
तिथियाँ बदल गयीं
क्षण भर के ही लिये सही
गतिविधियाँ बदल गयीं
बोल न फूटे
ऐसा अनुभव हुआ
अँधेरे में।

बरसों का सन्नाटा
झोंका खाकर
टूट गया
इस पड़ाव से
उठे नहीं हम
जलसा छूट गया
खेल गये फिर

आँख मूँदकर जुआ
अँधेरे में।

जाने
कितने मोड़ मिले
सँकरे गलियारे में
भूल गये हम
सब-कुछ जैसे
खुले ओसारे में
साथ बराबर
रही किसी की दुआ
अँधेरे में।

●●

रामधनी की दुलहिन

मुँह पर
उजली धूप
पीठ पर काली बदली है
रामधनी की दुलहिन
नदी नहाकर निकली है।

इसे देखकर
जल जैसे
लहराने लगता है
थाह लगानेवाला
थाह लगाने लगता है
होंठों पर है हँसी
गले
चाँदी की हँसली है।

गाँव गली अमराई से
खुलकर
बतियाती है
अक्षत रोली

और नारियल
रोज चढ़ाती है
ईख के मन में
पहली–पहली
कच्ची इमली है।

लहरों का कल–कल
इसकी
मीठी किलकारी है
पान की आँखों में
रहती
यह धान की क्यारी है
क्या कहना है परछाईं का
रोहू मछली है।

दुबली–पतली
देह बीस की
युवा किशोरी है
इसकी अँजुरी
जैसे कोई
खीर कटोरी है
रामधनी कहता है
हँसकर
कैसी पगली है।

●●

जलना मुश्किल है

इतनी ठण्डी आग कि इसमें
जलना मुश्किल है
बँधे हुए हैं हाथ थामकर
चलना मुश्किल है।

आँच नहीं है
धुआँ नहीं
मीठी चिनगारी है
यह मीठी चिनगारी भी
दुविधा की मारी है
अनहोनी
होकर मानेगी
टलना मुश्किल है।

आज का मौसम
आगे–आगे
आग लगाने में
आग लगाने में है आगे
प्यास बुझाने में

इस मौसम में
खुलकर कहीं
निकलना मुश्किल है।

देख रहा मैं
धानी चूनर और
मोंगरे को
आपस में छू रहे
परस्पर
एक-दूसरे को
नदी नाव संयोग
बराबर
मिलना मुश्किल है।

••

फूली टहनी

फूली टहनी अमलतास की
खबर नहीं है
आस-पास की।

देह भागवत पीर बाँसुरी
रोम-रोम है आज पाँखुरी
सिर माथे
पारो को रखतीं
आँखें जैसे देवदास की।

क्यारी-क्यारी-धारी-धारी
पान फूल की है तैयारी
वृन्दावन की
प्यास बुझी है
कृपा हुई है महारास की।

तन लहराता मन लहराता
फागुन में सावन लहराता
मौसम
गहरी चुटकी लेता
हँसी उड़ाता प्रिय प्रवास की।

●●

धूप उतरती है घाटी में

धूप
उतरती है घाटी में
बर्फ पिघलती है
इन्हीं दिनों में
इस पहाड़ से
नदी निकलती है।

तरह-तरह के फूल
सुबह से
खिलने लगते हैं
आँखों-ही-आँखों में
रिश्ते
मिलने लगते हैं
भर जाते हैं
झील-ताल
जब हँसी उछलती है।

जाने
कैसे-कैसे सपने
बोये जाते हैं

पौ फटते ही
बासी बर्तन
धोये जाते हैं
बुझती नहीं
ठण्ड में आग
बराबर जलती है।

गाँव निकलते हैं
मौसम में
शहर निकलते हैं
कितने–कितने रंगों में
हमसफर निकलते हैं
करवट लेता है कोई
हरियाली खिलती है।

●●

निहुरे–निहुरे

निहुरे–निहुरे
हुई ऊँट की चोरी
फागुन में
मेरे हाथों
रही गुलाबी डोरी
फागुन में।

घर से निकले
झूठ बोलकर
भागे मेले में
पकड़े गये
ठठाकर हँसते हुए
अकेले में
उलट गयी है
रंग से भरी कटोरी
फागुन में।

लोग
शरारत भाँप गये हैं

आँखों–आँखों में
फूटे बिना नहीं रह पाया
गीत सलाखों में
शीशा लेकर
पोंछ रही मुँह गोरी
फागुन में।

कल का
पाँव दबाकर चलना
कैसे भूलेगा
बात न करना
फूल मसलना
कैसे भूलेगा
किसने छुआ कि
तरुणी हुई किशोरी
फागुन में।

●●

गीत शाश्वत होता है

गीत
शाश्वत होता है जी
गीत शाश्वत होता है
गीत नहीं मारे से मरता
गीत शाश्वत होता है।

चाहे कोई भी मौसम हो
गीत हमेशा मिलता है
गीत आदमी के ओंठों पर
बिना खिलाये खिलता है
सूने घर का खाली कोना
गीत हँसी से भरता है
गीत हमारे घर–आँगन में
झर–झर झरझर झरता है
जीने की इच्छा होती है
मन प्रयासरत होता है।

गीत नहीं बिसराये बिसरा
वाल्मीकि का जादू है

जैसे चाहो वैसे गाओ
यह गृहस्थ है साधू है
गीत आईने से मिलता है
मिलता है कजरौटे से
गीत हमेशा दूर भागता
शर्त और समझौते से
गीत से बढ़कर मीत न कोई
प्रीत से अवगत होता है।

गीत नहीं बिकता है प्यारे
हाटों में बाजारों में
गीत नहीं रहता पहरे में
तालों में दीवारों में
गीत प्रकृति का सम्बोधन है
बस्ती घाटी टीलों में
अमराई में खेतों में है
बाँसों कुंज करीलों में
गीत ही चन्दन रोली हल्दी
गीत ही अक्षत होता है।

हरियाली है ताल गीत है
गीत देह अँगड़ाई है
खुली धूप है, भरी घटा है
सिहरन है पुरवाई है
गीत के रस की थाह नहीं है

गीत के रस का मोल नहीं
सबसे मीठा बोल गीत है
गीत से मीठा बोल नहीं
गीत प्रेम से पढ़ना होता
गीत भागवत होता है।

●●

बेल-बूटे फूल-पत्ते

बेल-बूटे
फूल-पत्ते
क्यारियाँ लौटीं
धूप, सिहरन, गुदगुदी
किलकारियाँ लौटीं
सर्दियाँ खुलकर मिलीं
टीलों कछारों में
बात मन की हो गयी
मीठे इशारों में
आईने लौटे
गुलाबी धारियाँ लौटीं।

गीत होंठों पर खिले
त्योहार आँखों में
सैकड़ों से आ गये
कचनार लाखों में
सात रंगों में रँगी
फुलवारियाँ लौटीं।

घर गली दीवार सीढ़ी
खिड़कियाँ लेकर
टीस लेकर याद लेकर
हिचकियाँ लेकर
चुटकियों की आड़ में
चिनगारियाँ लौटीं।

●●

यह कपोत का जोड़ा

यह
कपोत का जोड़ा
कैसा सटकर बैठा है
अपने में डूबा है
सबसे कटकर बैठा है।

कन्धे पर मौसम
मुट्ठी में
सौ–सौ मेले हैं
चार–चार आँखों के सपने
यहाँ अकेले हैं
छक करके रस पीनेवाला
डटकर बैठा है।

साँसों में हैं गीत
अभी
होंठों पर आयेंगे
हरियायेंगे पर्वत–घाटी
बादल छायेंगे

टाट–भात में
कोई टाट उलटकर बैठा है।

पत्ती–पत्ती
टहनी–टहनी
चुप्पी साधे है
जैसे
काली आँधी कोई
मौसम बाँधे है
अनुभव की मुद्रा में
प्यार
सिमटकर बैठा है।

●●

तुम जैसे कल–परसों से

तुम
जैसे कल–परसों से
घर–आँगन
खिड़की–दरवाजे
भेज रहे हैं
रिश्ते ताजे
बन्द रहे जो
बरसों से।

चढ़ते
फागुन का आलम
उसमें भी
बासन्ती कालम
चीनी पगे
अनरसों से।

उबटनियाये
अंग तुम्हारे
जाने
कहाँ–कहाँ आवारे
छूते
फूली सरसों से।

कहीं चलो ना जी

आज का मौसम कितना प्यारा
कहीं चलो ना जी
बलिया बक्सर पटना आरा
कहीं चलो ना जी।

हम भी ऊब गये हैं इन
ऊँची दीवारों से
कटकर जीना पड़ता है
मौलिक अधिकारों से
मानो भी प्रस्ताव हमारा
कहीं चलो ना जी।

बोल रहा है मोर अकेला
आज सबेरे से
वन में लगा हुआ है मेला
आज सबेरे से
मेरा भी मन पारा-पारा
कहीं चलो ना जी।

●●

झील ताल अमराई पर्वत
कब से टेर रहे
संकट में है धूप का टुकड़ा
बादल घेर रहे
कितना कोई करे किनारा
कहीं चलो ना जी।

सुनती नहीं हवा भी कैसी
आग लगाती है
भूख जगाती है यह सोयी
प्यास जगाती है
सूख न जाये रस की धारा
कहीं चलो ना जी।

●●

जोड़ा ताल–एक

सँवरा–सँवरा है
यह मौसम
निखरा–निखरा है
जोड़ा ताल नहाने
कोई
पंछी उतरा है।

साँसों में
चन्दन–पुरवाई
रचे समाये हैं
घाटी–पर्वत
पान–फूल सब
ओस नहाये हैं
जितना जंगल डूबा
उतना
मंगल उभरा है।

क्या होगा अब
राम न जाने

ऐसी हवा चली
उलट पड़े
गोकुल–बरसाने
उलटी कुंज गली
गीतों के
आँगन में
मीठा उत्सव ठहरा है।

●●

जोड़ा ताल–दो

काली–काली घटा देखकर
जी ललचाता है
लौट चलो घर पंछी
जोड़ा ताल बुलाता है।

सोंधी–सोंधी
गन्ध खेत की
हवा बाँटती है
सीधी–सादी राह
बीच से
नदी काटती है
गहराता है रंग और
मौसम लहराता है।

कैसे–कैसे
दृश्य नाचने लगे
दिशाओं में
मेरी प्यास
हमेशा चातक रही

घटाओं में
बींध रहा है गीत प्यार का
कैसा नाता है।
सन्नाटे में
आँगन की बिरवाई
टीस रही
मीठी–मीठी छुअन
और
अमराई टीस रही
पागल को जैसे कोई
पागल समझाता है।

●●

सिर पर आग

दूर होने दो अँधेरा

दूर
होने दो अँधेरा
अब घरों से
दूर होने दो।

और ताजा कर सके
माहौल को जो
साज ऐसा दो
बाँध ले
गिरते समय के मूल्य को
अन्दाज ऐसा दो
आग बोओ
और काटो
रोशनी भरभूर होने दो।।

हम सँवारेंगे
हरे पन्ने
गुलाबी धूप के अक्षर
दूर तक

गूँजें दिशाओं में
पसीने के उभरते स्वर
जल खिलेगा
और तोड़ो पर्वतों को
चूर होने दो।।

●●

बच्चू बाबू

बच्चू बाबू एम.ए. करके सात साल झख मारे
खेत बेचकर पढ़े पढ़ाई उल्लू बने बिचारे

कितनी अर्जी दिये न जाने कितना फूँके-तापे
कितनी धूल न जाने फाँके कितना रस्ता नापे

लाई चना कहीं खा लेते कहीं बेंच पर सोते
बच्चू बाबू हुए छुहारा झोला ढोते-ढोते

उमर अधिक हो गयी नौकरी कहीं नहीं मिल पायी
चौपट हुई गिरस्ती बीबी देने लगी दुहाई

बाप कहे आवारा भाई कहने लगे बिलल्ला
नाक फुला भौजाई कहती मरता नहीं निठल्ला

खून गरम हो गया एक दिन कब तक करते फाका
लोक-लाज सब छोड़-छाड़कर लगे डालने डाका

बड़ा रंग है, बड़ा मान है, बरस रहा है पैसा
सारा गाँव यही कहता है बेटा हो तो ऐसा।

••

गुपतेसरा

गुपतेसरा ने खोली है दुकान गाँव में
काट रहा चाँदी वह बेईमान गाँव में।
गाँजा है, भाँग है, अफीम, चरस दारू है
ठेंगे पर देश और संविधान गाँव में।

चाय पान बीड़ी सिगरेट तो बहाना है
असली है चकलाकर बेजुबान गाँव में।
बम चाकू बन्दूकों पिस्तौलों का धन्धा
हथियारों की जैसे एक खान गाँव में।

बिमली का पिट गिरा कमली का फूला है
सोते हैं थाने के दो दीवान गाँव में।
खिसकी है पाँव की ज़मीन अभी थोड़ी सी
बाकी है गिरने को आसमान गाँव में।

सूखा है पाला है बाढ़ है वसूली है
किसको दे कन्धे का हल किसान गाँव में।
गुपतेसरा गुण्डा है और पहुँचवाला है
कैसे हो लोगों को इत्मीनान गाँव में।

●●

बन्द मदरसे जैसे हम

हम हैं
बन्द मदरसे जैसे
आते काम विवाहों के।

त्योहार हमारे, कटे पैर के जूते मोजे
आधे दाम बिके

शब्द–कोश
सन्दर्भ–ग्रन्थ
नक्षत्रों के नक्शे
आँधी के आम बिके

गीत हँसी
खिड़की दरवाजे
हाथ लगे
चरवाहों के।।

●●

एक और मतपेटी

रामराज की बिटिया गंगा फूट-फूटकर रोती है
गाल कटा है फटा बिलाउज रँगी खून से धोती है।

छील रही थी घास प्रेम से फूले हुए पलाशों में
रीछों ने जप लिया इसे भी बाँध लिया भुजपाशों में।

गंगा का बस यही दोष है नौजवान थी क्वाँरी थी
अब तक यही बची थी शायद आज इसी की बारी थी।

बड़ा गाँव है बड़े लोग हैं सभी शिकारी सभी खिलाड़ी
सबके किस्से भरे पड़े हैं जंगल घाटी नाले झाड़ी।

पलक मारते हो जाता है वारा न्यारा लाखों का
डंका बजता जब सच होता सपना इनकी आँखों का।

बेचारी की मुट्ठी में हैं तुड़े मुड़े कुछ नोट पड़े
गंगा जैसे मतपेटी थी बड़े मजे से वोट पड़े।

●●

भाई जी

राम दुहाई राम दुहाई राम दुहाई भाई जी
आपके मुँह पर आपकी कितनी करूँ बड़ाई भाई जी।

गिरगिट को भी आपने पीछे छोड़ा रंग बदलने में
कोई सानी नहीं है मुँह पर कालिख लेकर चलने में
ठाकुर के घर में न रही ऐसी ठकुराई भाई जी।

गुड़िया बनकर बुढ़िया निकली खैर नहीं है बप्पारे
सोने की पायल के लायक पैर नहीं हैं बप्पारे
घर में केवल आग लगाने दुलहिन आयी भाई जी।

नाक कटाकर बड़ी बहू अब नथ गढ़वाने बैठी हैं
कितने भर सोने का होगा वजन बताने बैठी हैं
रह-रहकर झनकातीं चूड़ी भरी कलाई भाई जी।

क्या कोई सुख-दुख बाँटेगा जैसा आपने बाँटा है
सबके मन में चोर बसा है सबके मन में काँटा है
आपसे बढ़कर कौन दूसरा हातिमताई भाई जी।

कितना बड़ा पेड़ था कल तक अब है बेंट कुल्हाड़ी का
बिक कसाईबाड़े जाकर फाटक ठाकुरबाड़ी का
हम सब भेंड़ बकरियों में हैं आप कसाई भाई जी।

●●

ऊपर का फेर

'तितली' सी राते हैं
दिन हैं 'गोदान' से
कौड़ी के मोल बिके
हल लिये किसान से।।

झण्डे हैं पर्चे हैं
नारे हैं गाँव में
अर्थहीन शब्दों के
मारे हैं गाँव में
टीस रहा घाव कहीं
बाढ़ के निशान से।।

कैसी अनहोनी है
कैसा अन्धेर है
विधवा का पेट गिरा
ऊपर का फेर है
भर पाये मालिक हम
ऐसे ईमान से।।

●●

निरहू बो

निरहू बो
निकल गयी
चर्चा है गाँव में।।

कहती है सास
बड़ी ऐसी थी
वैसी थी
राम पदारथ की
पहली बीबी
जैसी थी
काला था दाल में
शनीचर था
पाँव में।।

सब-कुछ गायब है
न बर्तन है
न गहना है
और कहाँ जायेगी
भगतिन का कहना है
कलुवा के साथ
वहीं होगी
हमराँव में।।

●●

सन्तों के चरण

सन्तों के चरण पड़े
रेत में कछार खो गये।

पौ फटते ही ग्रहण लगा
और उग्रह होते शाम हो गयी
जैसा मरा भगीरथ गंगा
घड़ियालों के नाम हो गयी
आँगन में अजगर लेटे हैं
पथ के दावेदार खो गये।।

हल्दी रँगे सगुन के चावल
राख हो गये हवन कुण्ड में
उजले धुले शहर गीतों के
झुलस रहे हैं धुआँ धुन्ध में
नये पराशर हुए अवतरित
कुहरे में भिनसार खो गये।।

आश्वासन कोरे थे कितने
कितने वादे झूठे थे
ऐश महल में वही हैं कल जो
कोपभवन में रूठे थे
आज उन्हीं के गले ढोल है
कल जिनके त्योहार खो गये।

••

खरपत्तू बो

खरपत्ती बो बड़ी चिबिल्ली रस्ता चलते छेड़े
बड़े-बड़ों को गोबर ले दौड़ाये और खदेड़े
छोटी-सी है, मोटी-सी है, चलती जल्दी-जल्दी
चिड़ियों के भी कान काटती उन्हें लगाती हल्दी
छुवन माधुरी, हँसी पाँखुरी, बातें रस की गगरी
जामुन-सी कजरारी आँखें, पुतली जल की मछरी
मौसम को मुट्ठी में रखती जब चाहे तब खोले
टहनी झुके, फूल गदराये, पत्ती-पत्ती बोले
जैसे आते बौर आम में, वह कोयल हो जाती
रात-रातभर गाँव जागता, ऐसा चहका गाती
सरसों तीसी टेसू सेमल जैसे वस्त्र बदलती
कहीं फुदकती मैना जैसी हिरनी कहीं उछलती
मेले-ठेले भीड़-भाड़ में करती हँसी-ठिठोली
रस मिलता जब चुटकी लेती और बोलती बोली
एक नहीं फागुन में सुनती अपने मन का करती
लाल-गुलाबी नीले-पीले रंगों से घर भरती
कान पकड़ने हाथ जोड़ते लोग भागते फिरते
और इसी भगदड़ में कितने मुँह के बल भी गिरते
घर-घर रंग है घर-घर फागुन घर-घर लहँगा चोली
खरपत्तू बो नहीं रही अब टीस रही है होली।

●●

राजा जी से कहना जी

अबकी जब भी मिलना भारत राजा जी से कहना जी
घर की ठीक नहीं है हालत राजा जी से कहना जी
कोई काम न धन्धा घर में डिगरी लेकर चाटें क्या
खाली बैठा राम पदारथ, राजा जी से कहना जी
महँगाई की मार, भीड़ त्योहारों की मेहमानों की
चीनी, आँटा, दाल, नदारत राजा जी से कहना जी
अमराई में छाँह नहीं है, राह नहीं है बस्ती में
आदमखोर हुई पंचायत राजा जी से कहना जी
जिसको चाहें कुचलें मसलें जिसको चाहें खेत करें
बेटा इन्द्र बाप ऐरावत, राजा जी से कहना जी
मारा-मारा सच फिरता है, नहीं पूछता कोई जी
छूट गयी है सच की आदत, राजा जी से कहना जी
तूती बोल रही है केवल गुण्डों और डकैतों की
कोने में रो रही शराफत, राजा जी से कहना जी
मैंने अपनी आँखों देखा टोपी और मुकुट करते
चाँदी के जूतों का स्वागत, राजा जी से कहना जी
आला ही आला है सब-कुछ ऐसी गफलत छी-छी-छी
अदना भी रखता है ताकत, राजा जी से कहना जी
बुरा न मानें खुद ही देखें पानी सिर के ऊपर है
वर्ना करता नहीं शिकायत राजा जी से कहना जी।

••

टूटा-फूटा गाँव

पूछो ना गँवई का हाल-चाल भइया
मिलते हैं लोग यहाँ दाल-दाल भइया।।

परती हैं खेत और उगती हैं लाशें
ये नौबत आयी है हाल-हाल भइया।।

मुश्किल है एक जून काटना बिताना
रहते थे लोग जहाँ साल-साल भइया।।

रोते हैं लोग जहाँ आँखों ही आँखों
हँसते हैं लोग वहीं गाल-गाल भइया।।

परसों से गायब हैं नौरंगिया गूँगी
अरहर में साड़ी है लाल-लाल भइया।।

छाँह गयी गीत गये और गये झूले
उड़ती है धूल आज ताल-ताल भइया।।

बदली पहचानें हैं बदले पैमाने
औरत के माने हैं माल-वाल भइया हैं।।

बेटी के बाप की हिम्मत तो देखिये
चढ़ता है खेत लिये थाल-थाल भइया।।

घर-घर है राग वही घर-घर है रोना
पात-पात भौजी है डाल-डाल भइया।।

●●

सन्नाटा-ही-सन्नाटा है

कहीं नहीं है नाम लहर का
नदियों झीलों में
सन्नाटा ही सन्नाटा है
फैला मीलों में।।

गीत नहीं बस्ती में लौटे
लौटी नींद नहीं
मुँह पर कभी हँसी लौटेगी
अब उम्मीद नहीं
उठने लगीं आग की लपटें
कुंज-करीलों में।।

रूठे हैं त्योहार
हमारी खुशियाँ रूठी हैं
घर की खट्टी-मिट्ठी सारी
तिथियाँ रूठी हैं
मौसम जैसे फूट-फूटकर
रोता टीलों में।।

कागज पर ही सुविधाएँ हैं
खाने-पीने की
कोई कीमत नहीं हमारे
खून-पसीने की
बरस रहा, भाषण पर भाषण
तहसीलों में।।

विकसित गाँव

प्रस्तुत है
एक झलक
गाँव के विकास की।

तहसीलों का चूसा
ब्लाकों का मारा है,
थानों की थाली का
दूध है छुहारा है
साझे का पाहुन है
नौबत उपवास की।।

हरित क्रान्ति श्वेत क्रान्ति
अन्त्योदय, मुहरा है
आज पराशर बारहमासी
बारहमासी कुहरा है
अजगर के नाम लिखी
छाँह अमलतास की।।

पुश्तैनी ठीया है
सर्कस का बौना है
पंचों का पीकदान
खाट है, बिछौना है
सूखे में गलती है
...जल निकास की।।

••

कचहरी पाँड़े

देखे नहीं मदरसा लेकिन हैं मशहूर कचहरी पाँड़े।

चार हाथ नेता से आगे
अफसर से सत्ताइस
तीन पाँच की ऐसी तैसी
सदा बीस पर बाइस
दुनिया की परवाह न करते कहते अन्धी बहरी पाँड़े।।

बड़े-बड़े को रे कहते हैं
लोग दौड़कर आते
बिजली उधर गिरा करती है
उँगली जिधर उठाते
जो अपने को शेर समझता करते उसे गिलहरी पाँड़े।।

करिया अच्छर भैंस बराबर
नक्शा देखो प्यारे
जब चलते हैं आगे-पीछे
सौ-सौ दाँत चियारे
ठेके पर काँटा निकालते रकम काटते गहरी पाँड़े।।

पौ बारह हैं तब से इनके
जबसे पहने खादी
पाँचों उँगली घी में हरदम
है चाँदी-ही-चाँदी
कभी न आती चाल पकड़ में चलते दुहरी तिहरी पाँड़े।।

••

गाँव जो नहीं रहा

जब से लौटा गाँव शहर से गलियों-गलियों भाग रहा
जहाँ बाँस हैं वहाँ केवड़े उसके आगे बाग रहा।
उसके आगे कोट, कोट के आगे सरपत का जंगल
किसने बेचा किसने काटा उसमें काला नाग रहा।
उसके काटे मरी बिचारी मँगरू की बुढ़िया महतारी
उस दिन मँगरू मकर नहाने शायद गया प्रयाग रहा।
सहुवाइन के ठीक सामने घर सुबहान मौलवी का
वैसे तो वह मिडिल पास थे लेकिन बड़ा दिमाग रहा।
बिरुआ का समधी आया है गाँव मुहल्ला जान गया
सुर्ती दही अचार बिछौना सबसे झटपट माँग रहा।
साधो हाँक रहा है पुरवट माधो आलू सींच रहा
सन्तू कात रहा है सुतली, अन्तू तोसक ताग रहा।
घूँघट काढ़े छम-छम करती घर से निकली धन्नी बो
पिया-पिया आँखों में जैसे सिर पर रोटी-साग रहा।
एक साथ जब आ जाती थीं छोटकी-बड़की पनघट पर
फागुन के मुँह कजली जैसे सावन के मुँह फाग रहा।
गाय चराती गौरी को ले गये उठाकर गोरे जब
यही मुसल्लम गाँव हमारा उस दिन जैसे आग रहा।
जब से मेरी आँख खुली है जब से सपना टूटा है
तब से नींद नहीं आयी है राम कसम मैं जाग रहा।
जाने किसने डँसा गाँव को जाने किसने बींधा है
नहीं रहा वह कण्ठ गाँव का और नहीं वह राग रहा।

●●

भाभी की चिट्ठी

भाभी ने चिट्ठी भेजी है प्यारे-प्यारे देवर जी
लेना मीठे-मीठे आशीर्वाद हमारे देवर जी।
रोज-रोज सुनती हूँ गोली चलती इनवरसीटी में
ईंट चढ़ी है मोरी की जबसे चौबारे देवर जी।
खाते-पीते साँझ-सबेरे अक्सर चर्चा होती है
बड़का महुवा फूल रहा घर के पिछवारे देवर जी।
गंगा-गौरी की जोड़ी तो ऐसी परच गयी है मुझसे
पल भर मुझको चैन न मिलती बिना निहारे देवर जी।
छिन पछुवाँ पुरवइया छिन छिन छिन बहती दखिनैया है
बरबस झोंके धूल आँख में देह उघारे देवर जी।
नीम मारने लगी निमौली गुठली पड़ी टिकोरों में
खिरनी के सिर भूत चढ़ा है कौन उतारे देवर जी।
गुल्लो का गौना होना है भइया परसों आये थे
मैं भी मैके जाऊँगी अगले पखवारे देवर जी।
सिर दुखता है जी होता चूल्हे की माटी खाने को
गौरैया घोंसला बनाने लगी ओसारे देवर जी।
औव्वल नम्बर ले आना है शर्त न भूले कोहबर की
गुड़िया जैसी बहिन ब्याह दूँ साथ तुम्हारे देवर जी।
डूब-डूबकर पानी पीते मुझको जैसे पता नहीं
ऊँट की चोरी निहुरे-निहुरे कहो कुँवारे देवर जी।
और गाँव-घर ठीक-ठाक है नया सिर्फ बस इतना ही
सुरसतिया की लाश मिली है नदी किनारे देवर जी।

●●

किस्मत हो तो ऐसी

राम कसम
सरकार दुआई
पाँव बड़े हैं
जूते छोटे।

सोना स्थिर
गल्ला मन्दा
और उछाला तिलहन में
सिर
जुलूस में फूटा था
आँखें फूटी गरहन में
हम भी
किस मुहूर्त्त में जन्में
सारे–के–सारे ग्रह खोटे।।

चूल्हे में
आ गये तवे से
किस्मत हो तो ऐसी
किसे कहें

किरकिरी आँख की
किसको कहें हितैषी
छत्तिस–तिरसठ
तिरसठ–छत्तिस
सब हैं बेपेंदी के लोटे।।

●●

लेखपाल जी

लेखपाल जी लौट रहे हैं वह देखो तहसील से
दो-दो झोले झूल रहे हैं खड़खड़िया सैकील से।।
कुर्ते की हर जेब भरी है
बोली में भी तेजी है
अंग्रेजी दारू का पौवा
दो सौ ग्राम कलेजी है
चलते-चलते ऐंठ लिये हैं दो सौ और जमील से।।
सब-कुछ बँधा हुआ है इनका
किससे क्या-क्या लेना है
कपड़ेवाले से कपड़ा है
हलवाई से छेना है
रोहू मछली बँधी हुई है गाँव सभा की झील से।।
आँखों में कुछ चमक बढ़ी है
चेहरे पर खुशहाली है
ठकुराई की चाचीवाली
नयी वसीयत जाली है
कल-परसों तक बहुत दुखी थे दो दिन की तातील से।
कई पुश्त की सोच रहे हैं
मीलों आगे देख रहे
वहाँ-वहाँ हैं भेंट थामते
पाँव जहाँ भी टेक रहे
पर होते तो ऊपर उड़ते आसमान की चील से।।

●●

खून पसीने का गणित

धान कटा
घर आया लेकिन
बैठा नहीं बखारी में
आँगन छूकर चला गया वह
फिर अमीन पटवारी में।।
बिना बाँह के बिना जेब के
उसी पुराने कुर्ते में
फिर जाड़ा काटेंगे बाबू
जब तक चैत नहीं छू लेता
तब तक रोज नये कागज पर
अँगूठा साटेंगे बाबू
पनिकट में
अम्माँ का टीका
नथिया मालगुजारी में।।
रातों में डायन से सपने
दिन में तारे, अरे बाप रे
जी डरता है देखकर
धोखे का जल जैसे प्यासा
हिरन मारता

दौड़ा करके
आग उगलती रेत पर
जी भर मालिक को गरियाता
रामायण लाचारी में।।

●●

कर्फ्यू के बाद का इलाहाबाद

उठने लगा शहर से कर्फ्यू हटने लगे सिपाही
जलने लगी सुबह से भट्ठी चढ़ने लगी कड़ाही।
बजने लगीं यहाँ फिर नौबत होने लगीं अजानें
चलने लगीं भोर से सड़कें खुलने लगीं दुकानें।
शहर हमारा घण्टाघर से जाना जाता भाई
पौ फटते दातून से मतलब आधी रात मलाई।
मिलने लगे फटाफट गाहक होने लगी कमाई
छुरा नहन्नी लेकर संगम भागे बुद्धू नाई।
फिर दुकान पर बैठी भौजी कटने लगी सुपारी
वही मुलायम वही अयोध्या वी.पी. और बुखारी।
सारस्वत, पुरवार, मालवी, टण्डन, खरे, तिवारी
चौराहे पर लगी कचहरी करता बहस बिहारी।
करनी और बसूली लेकर बिकने बैठा होरी
बस्ता लिये सड़क पर निकली घर से ललित किशोरी।
लगी लूटने फल की पेटी ठक-ठक चली हथौड़ी
वही जिन्दगी उसी भाव से उसी सड़क पर दौड़ी।
फिर पटरी पर आकर बैठे ताली-तालावाले
चप्पल वाले, छाता वाले, प्याली-प्याला वाले।
मलने लगे सिपाही सुर्ती करने लगे वसूली
मक्खन रोटी अण्डा बिस्कुट गाजर, गोभी, मूली।
कर्फ्यू हटा चैन से घर में सोने लगे विभूती
जैसे पहले मुँह धोते थे धोने लगे विभूती।

●●

तुम

जितनी
गहरी पैठ तुम्हारी
उतने छिछले तुम।

सहज भाव से
डोरा डाले
मेष मीन पर
चिकनी और
खुरदरी
हर जमीन पर
तन से
बिछले तुम
मन से
बिछले तुम।।

मावस–पूनम
धूप–छाँह में
सुदी–बदी में
शैल–शिखर पर

जल–प्रपात में

ताल–नदी में

मुँह की

खानी पड़ी तुम्हें

जब–जब

निकले तुम।।

●●

हम परकटे उजाले

कालिख के टुकड़ों पर पलते
हम परकटे उजाले जैसे
आँखों पर पट्टियाँ बँधी हैं
होंठों पर हैं ताले जैसे।।
भिनभिनाती मक्खियाँ
अब देर तक देखी नहीं जातीं
आँच आती पुतलियों पर
रोटियाँ सेंकी नहीं जातीं
कुआँ झाँकती किलकारी
माँ देखे गोद उठा ले जैसे।।
खनखनाते बोल तेवर रास्ते
खोजते मिलते नहीं
फूल वाले खेत देखो जल रहे
ताल हैं हिलते नहीं
अंगारों के वन में उतरे
हरियाली के गाले जैसे।।
तितलियों के आइने
झूले किताबें
रौंदती चीलें

ये मवादों से भरी गलियाँ
हवाएँ चाँदनी झीलें
तीरथ का सौदा करते हैं
गन्दे–गन्दे नाले जैसे।।

●●

काँटा हुई तुलसी

लहलहाते खेत जैसे
दिन हमारे
थार कच्चा खा गये।

सूखकर काँटा हुई तुलसी-
हमारी आस्था
धर्म सिर का बोझ, साहस-
रास्ते से भागता
शाप जैसे भोगते
संकल्प मृग हम
तृण धरे पथरा गये।।

पर्व जैसे देह के जेवर
उतरते जा रहे
संस्कारों की बुनावट आज
कीड़े खा रहे
गुनगुनाते आइने थे
वक्त के हाथों गिरे
चिहरा गये।।

ना–नुकुर हीला हवाली और
अस्फुट गालियाँ
भाइयों की हरकतें हैं
झनझनाती थालियाँ
एक अनुभव साढ़े साती
रत्न जैसे दोस्त भी
...गये।।

●●

आँगन गायब हो गया

घर फूटे
गलियारे निकले
आँगन गायब हो गया
शासन और प्रशासन में
अनुशासन गायब हो गया।

त्योहारों का गला दबाया
बदसूरत महँगाई ने
आँख मिचौली हँसी-ठिठोली
छीना है तन्हाई ने
फागुन गायब हुआ हमारा
सावन गायब हो गया।

शहरों ने कुछ टुकड़े फेंके
गाँव अभागे दौड़ पड़े
रंगों की परिभाषा पढ़ने
कच्चे धागे दौड़ पड़े
चूसा खून मशीनों ने
अपनापन गायब हो गया।

नींद हमारी खोयी–खोयी
गीत हमारे रूठे हैं
रिश्ते–नाते बर्तन जैसे
घर में टूटे–फूटे हैं
आँख भरी है गोकुल की
वृन्दावन गायब हो गया।।

●●

मेरी नींद : रेत की मछली

मेरी नींद
रेत की मछली
हुई मसहरी में।।

धान पान थे खेत हमारे
नहरें लील गयीं
जैसे फूले कमल
ताल की लहरें लील गयीं
आग लगी है
घर की मीठी
गंगा लहरी में।।

कालिख झरती धूप
यहाँ की हवा विषैली है
सबसे ज्यादा
धोबी की ही चादर मैली है
दिखलायी देते हैं
तारे
भरी दुपहरी में।।

मुखिया खाते दूध–भात
हम धोखा खाते हैं
वहीं पंच परमेश्वर हैं
जो घर अलगाते हैं
जितनी सड़कें
नयी बनीं सब
...कचहरी में।।

●●

कैसे कैसे लोग

यह कैसी अनहोनी मालिक
यह कैसा संयोग
कैसी-कैसी कुर्सी पर हैं
कैसे-कैसे लोग
जिनको आगे होना था
वे पीछे छूट गये
जितने पानीदार थे शीशे
तड़ से टूट गये
प्रेमचन्द से मुक्तिबोध से
कहो निराला से
कलम बेचनेवाले अब हैं
करते छप्पन भोग।।
हँस-हँस कालिख बोनेवाले
चाँदी काट रहे
हल की भूठ पकड़नेवाले
जूठन चाट रहे
जानेवाले जाते-जाते
सब-कुछ झाड़ गये

भुतहे घर में छोड़ गये हैं
सौ–सौ छुतहे रोग।।
धोनेवाले हाथ धो रहे बहती गंगा में
अपने मन का सौदा करते कर्फ्यू दंगा में
मिनटों में मैदान बनाते हैं आबादी को
लाठी आँसू गैस पुलिस का
करते जहाँ प्रयोग।।

●●

राम नगीना

राम नगीना सोच रहे कल क्या-क्या करना है
मीटिंग रक्खी है, बिजली घर देना धरना है
बालू की सप्लाईवाला टेण्डर भरना है
रस्ते का रोड़ा केवल मुच्छड़ रमबरना है
रामबरना पर गुस्सा आया इतना चटक गये
बिना मिलाये पानी आधी बोतल गटक गये
तड़के उठना तेल भराना थाने जाना है
जैसे भी हो केस न उभरे केस दबाना है
चन्दा लेना मंच बनाना गेट बनाना है
माइकवाले से कहना है जल्दी आना है
चीनी का परमिट लेना है पैड छपाना है
स्कूली लड़कों से मिलना उन्हें पटाना है
बम बजवाना है घण्टाघर, बस फुँकवानी है
हर हालत में अपने माफिक हवा बनानी है
कब आती दिल्ली की गाड़ी पता लगाना है
आयेंगे नौरासी नेता टेसन जाना है
टेसन से लेना है उनको शहर घुमाना है
जमकर उनके स्वागत में नारे लगवाना है
कहते हैं नौरासी तुम दंगा करवा दो जी

मुँह मत देखो गाय कहीं खुद ही मरवा दो जी
मारा–मारी छीना–झपटी धक्की-धक्का है
फिर भी भाई टिकट तुम्हारा अबकी पक्का है
मजदूरों के नेता राम नगीना सोच रहे
टेबुल पर मुर्गा रक्खा है मुर्गा नोच रहे

••

हम भी शामिल हैं

हाँ,
हम भी शामिल हैं
सूख रहे पोखर की
इन हाँफती मछलियों में।।
हम शामिल हैं
अन्धे-गूँगे
असहायों-लाचारों में
भूखे-प्यासे
टूटे-हारे
गिरे-पड़े बीमारों में
हम
उखड़ रही साँसों में शामिल
शामिल हैं हम
धँसती हुई पसलियों में।।

यह भी
कैसी गजबूरी है
कैसी यह लाचारी है
महँगाई में

दूध बन्द है
काली चाय हमारी है
झुलस गयी
आँगन की तुलसी
कैसी रह-रह
आग बरसती गलियों में।।

कहाँ गये
वे सावन-भादों
भरी घटाओंवाले दिन
गीतों-लहरों
फसलों-सपनों
खुली दिशाओं वाले दिन
बीती हुई बहारों के हैं
किस्से जैसे
हम परकटी तितलियों में।।

●●

बहरों में रामधुन

नहीं हुए काठ
नहीं फूटकर बहे
बरसों हम
बहरों में रामधुन रहे।।

पुरइन के पत्ते थे
धूल फाँकते
मुश्किल से
पेट कभी पीठ ढाँकते
दाँतों से पकड़े थे
गीत कहकहे।।

चिनगारी थी
लेकिन राख में रही
हवा दूर-दूर
कई लाख में रही
ऊपर से भी दबाव
कम नहीं सहे।।

बँटवारे
बर्तन के टाट के हुए

पानी के
बँटवारे घाट के हुए
शहनाई ठहरी है
घाट मुर्दहे।।

सन्तों में
हम
प्रयाग खोजते रहे
धुआँ धुआँ
वही आग
खोजते रहे
मिलते थे रक्तबीज
और असलहे।।

●●

मैं चिराग होता हूँ

साथ नहीं देती है
धूप की कमाई
रोज–रोज
मैं चिराग होता हूँ भाई।।

है अँधियारा
उत्तराधिकार में मिला
चन्द्रबिन्दु जैसे
अनुस्वार में मिला
घावों की करती हैं
मक्खियाँ सफाई।।

शहरों की
छाया में
गाँव नहीं जमते
हम जैसे लोगों के
पाँव नहीं जमते
फिसलन–ही–फिसलन है
काई–ही–काई।।

हम
पीछे–पीछे
रोटी आगे–आगे
पेट पकड़कर कोई
कहाँ–कहाँ भागे
आये दिन
काटती है रास्ता
बिलाई।।

समीकरण जीती
सम्बन्धों में दुनिया
कजरौटे
बेच रही
अन्धों में दुनिया
राम की दुहाई है
राम की दुहाई।।

●●

मैं आदमी हूँ

नेपथ्य से
मैं लौट आया
मंच पर उतरा नहीं
श्रोता अभी जागा नहीं
दर्शक अभी सुधरा नहीं।।

जिन्दगी
बासी कथानक हो गयी
इस दौर में
जी रहे
रस रंग दोनों
कागजों के बौर में
संवेदना फूटी नहीं
मैं गीत-सा उभरा नहीं।।

धर्म अपना छोड़कर
कवि भी
गणित पढ़ने लगा
आचरण से जो गिरा

वह
व्याकरण गढ़ने लगा
मैं
आदमी हूँ आदमी
मैं काठ का मुहरा नहीं।।

प्राण मेरे
बैठ मत
चल फिर मुझे
विस्तार दे
प्रेरणा दे
प्यार दे
अनुभूति दे उद्गार दे
संघर्ष मेरा नाम है
स्वीकार कर
ठुकरा नहीं।।

●●

हवा बदलनेवाली है

दिल्ली के दरबार से कह दो
साफ-साफ सरकार से कह दो
होली अभी जली थी होली
फिर-फिर जलनेवाली है
हवा बदलनेवाली है यह
हवा बदलनेवाली है।।

पंच पुराने नहीं रहे अब गोल जुटी बटमारों की
बटमारों की गोल जुटी है गोल जुटी हत्यारों की
कैसी थी कल की पंचायत और आज की कैसी है
वो थी हंस-कपोतोंवाली ये हैं गिद्ध-सियारों की
लो शीशा मुँह देखो अपना
कहाँ गया बापू का सपना
चाहे जितना पानी बदलो
दाल न गलनेवाली है।।

खेले हैं हम सदा जान पर और हमेशा खेलेंगे
इन्कलाब बोलेंगे फिर-फिर फिर-फिर गोली झेलेंगे
मुहरा हमें समझनेवालों मुहर हमारी मत भूलो
हमने दी है बागडोर हम बागडोर फिर ले लेंगे

हम बीज क्रान्ति के बोयेंगे
संघर्ष जनम भर ढोयेंगे
चलनी थी चल गयी तुम्हारी
और न चलनेवाली है।

कुछ खाया बेटों ने मिलकर कुछ खाया दामादों ने
हमें भुनाया कदम-कदम पर कुर्सी तेरे वादों ने
नैतिकता का पता नहीं है कहाँ गयी किस कोने में,
राजघाट की नाक काट ली टुकड़खोर जल्लादों ने
जूझेंगे आज अँधेरों से
छीनेंगे ज्योति लुटेरों से
थोड़ी देर है पौ फटने में
किरण निकलनेवाली है,
हवा बदलनेवाली है यह
हवा बदलनेवाली है।।
●●

झुनिया

कण्डे बीन रही है झुनिया
देखो सूखे ताल में।

आग बरसती लू चलती है
कितनी तेज न जाने
अपना काम इसे सौंपा है
विधवा बूढ़ी माँ ने
बात-बात में चित्त हो जाती
पाँच रुपल्ली में सो जाती
जैसे इसकी माँ सोती थी
कभी पाव भर दाल में।।

वही गाँव है, वही लोग हैं
वही पुराने किस्से
साझे की मिल्कियत सरीखी
झुनिया सबके हिस्से
नहीं चाहती फिर भी इसको
मार-पीटकर लातों-मुक्कों
बाँह पकड़कर ले जाते हैं
अरहर और पुआल में।।

नीचे ढँकी तो ऊपर नंगी
ऊपर ढँकी तो नीचे
जैसे कोई ऊसर जोते
सौ–सौ पानी सींचे
मेहनत का फल कभी न पाती
खून–पसीना रोज बहाती
बादल देख पपीहा रोये
जैसे घोर अकाल में।।

रोटी इससे दूर भागती
किस्मत ऐसी खोटी
आदमकद कुत्तों के आगे
इसकी बोटी–बोटी
अक्सर गयी शहर बेचारी
इसी गाँव घर की बलिहारी
जाने कितनी बार अभागिन
कुचिला खाती साल में।।
●●

सिर पर आग

सिर पर आग
पीठ पर पर्वत
पाँव में जूते काठ के
क्या कहने इस ठाठ के।।

यह तस्वीर
नयी है भाई
आजादी के बाद की
जितनी कीमत
खेत की कल थी
उतनी कीमत
खाद की
सब
धोबी के कुत्ते निकले
घर के हुए न घाट के
क्या कहने इस ठाठ के।।

बिना रीढ़ के
लोग हैं शामिल

झूठी जै-जैकार में
गूँगों की
फरियाद खड़ी है
बहरों के दरबार में
खड़े-खड़े
हम रात काटते
खटमल
मालिक खाट के
क्या कहने इस ठाठ के।।

मुखिया
महतो और चौधरी
सब मौसमी दलाल हैं
आज
गाँव के यही महाजन
यही आज खुशहाल हैं
रोज
भात का रोना रोते
टुकड़े साले टाट के
क्या कहने इस ठाठ के।।

●●

गलत हुए सम्बोधन सारे

कैसी चलीं हवाएँ जाने
कैसी चलीं हवाएँ
गलत हुए सम्बोधन सारे
गलत हुईं संज्ञाएँ।।

पान फूल थे
दधि अक्षत थे
कुमकुम चन्दन रोली
झेल रहे हैं
छुरे पीठ पर
सीने ऊपर गोली
नैतिकता का रोना रोतीं
ये कौरवी सभाएँ।।

माँ, फूली अमराई जैसी
बहन रही पुरवाई
बरगद जैसे
पिता हमारे
ताल सरीखे भाई

कहाँ गयीं
मुँह बोली सुबहें
पीठ चढ़ी सन्ध्याएँ।।

अनुवादों को
मान पत्र है
मौलिकता को गाली
बीन रहीं जूठन
प्रतिभाएँ
माँज रही हैं थाली
नियम और आदर्श
सिर्फ
नवरत्नों की इच्छाएँ

बोये फूल
उगे हैं काँटे
किसकी कारस्तानी
ढेलों पत्तों की
किस्मत में
हरदम आँधी-पानी
ऋतुओं की हैं
मिली भगत
त्योहारों की हत्याएँ।।

●●

फिर और फिर

लो
स्थगित होने लगी हैं
यात्राएँ फिर
सिर
हथेली पर लिये
बैठीं सभाएँ फिर।।

अनशनों में टूटते कुछ
कुछ जुलूसों में
बँट गया संघर्ष सारा
चापलूसों में
तालियों में
खो गयी हैं
भूमिकाएँ फिर।।

खो गये
नारे कहीं
अन्धी दिशाओं में
आदमी

रोने चला है
प्रार्थनाओं में
आ गयी अर्थी
चलो
गंगा नहायें फिर।।

आवरण जैसा नहीं है
आचरण देखो
है
पुलिस की मुट्ठियों में
व्याकरण देखो
आग में
घी दे रही
उलटी हवाएँ फिर।।

रोटियों के
दाम लगते हैं
सबेरे से
भूख का सौदा
मगर
होता अँधेरे से
बारूद के स्वर
सो गये
आओ जगायें फिर।।

●●

कुर्सी

कैसी भी कुर्सी हो भाई माने रखती है
बड़े-बड़ों को ये अपने पैताने रखती है
कुर्सी के ही आगे-पीछे दुनिया डोल रही
जिसके पास है कुर्सी उसकी तूती बोल रही।

कुर्सी की ही खातिर दुनिया लड़ती-मरती है
इसके आगे राजा गिरता रानी गिरती है
भले पेड़ से गिरनेवाला उठकर खड़ा हुआ
कुर्सी से जो गिरा देखिये अब तक पड़ा हुआ।

कुर्सी से सुविधा रहती है रोब गाँठने की
रोब गाँठने की सुविधा कानून छाँटने की
कानून छाँटने की सुविधा अधिकार बाँटने की
अधिकार बाँटने की सुविधा है माल काटने की

कुर्सी के ही बल पर सब-कुछ बना हुआ है जी
लगा हुआ है मेला तम्बू तना हुआ है जी
कोई नहीं छोड़ता कुर्सी जान से प्यारी है
जान से प्यारी है कुर्सी ईमान से प्यारी है।

कोई अपनी गोद में कुर्सी दाबे बैठा है
दाबे बैठा है तो कोई चाँपे बैठा है
दाबो चाहे चाँपो भाई यह तो जायेगी
कुर्सी का इतिहास यही कुर्सी दुहरायेगी

कैसे-कैसे बैठे इस पर कैसे बैठ रहे
रीढ़ नहीं है फिर भी देखो कैसा ऐंठ रहे
साँठ-गाँठ से जोड़-तोड़ से मिलती है कुर्सी
कभी साहु से कभी चोर से मिलती है कुर्सी।

बैठा दाँव सही तो कुर्सी टिक भी जाती है
वर्ना बिकने की नौबत में बिक भी जाती है
अँगड़ाई लेती है कुर्सी करवट लेती है
लेती भेंट कमीशन कुर्सी रिश्वत लेती है।

ऐसे लोग चले आते हैं अक्सर महफिल में
जिनके कारण कुर्सी चलती जमकर महफिल में
तब लगता आगे की कुर्सी जानेवाली है
या इसके भी आगे कुर्सी आनेवाली है।

कैसे कहूँ गलत है कुर्सी कैसे कहूँ सही
अब तक कुर्सी किसी एक की होकर नहीं रही
सच पूछो तो यह कुर्सी बढ़ई की गलती है
दुनिया की छाती पर मूँग बराबर दलती है।

●●

बाबू

जैसे छूटे
खेत से बाबू
तुरत जुटे खलिहान में।।
बाबू
हाथ पनेरी के हैं
खैर सुपारी पान में।।

गये सबेरे
अभी न लौटे
दुपहर बीत चली
आस का पंछी
प्यासा बैठा
गागर रीत चली
कब से
पीढ़ा पानी लेकर
माँ बैठी दालान में।।

बाबू की
आँखों में हरदम
माँ की धोती है

फटी देखकर
बाबू को
पीड़ा-सी होती है
बट्टा लगे न मालिक
घर के
मान और सम्मान में।।

क्या-क्या करें
अकेले बाबू
सबसे जूझ रहे
रात गये
छोटू की नयी पहेली
बूझ रहे
गाभिन गाय
कुँवारी मुनिया
रोग लगा है धान में।।

फूलों भरी
डाल थे बाबू
झरझर झरते थे
मौसम के संग
चलते और
ठिठोली करते थे
जाने किसकी
नजर लगी है
बाबू की मुस्कान में।।

••

भइया बाबू सुनियेगा

मेरी भी
कुछ अरज गरज है
भइया बाबू सुनियेगा
फिर आये उल्लू के पट्ठे
सोच–समझकर चुनियेगा।

बर्बर हैं सब
बदशऊर हैं
फूहड़ हैं और छिछले हैं
ले–लेकर
गड्डियाँ नोट की
वोट माँगने निकले हैं
सबके वही पुराने नारे
वही पुराने वादे हैं
सबके मन में खार समायी
सबके चोर इरादे हैं
ये उड़ते हैं
आसमान में
आप कहाँ तक उड़ियेगा।।

जैसे भी हो
अबकी इनसे

खुलकर बदला लेना है
इनका मुँह खुलने से पहले
इनको उत्तर देना है
बाहर से सब उजले-उजले
भीतर से सब काले हैं
जहर पचाना क्या जानें यें
जहर उगलने वाले हैं
इनके मुँह
बदबू-ही-बदबू
कैसे इनसे जुड़ियेगा।

वही पुराना राग दुबारा
हमें सुनाने आये हैं
टुकड़े-टुकड़े
हमें बाँटने और भुनाने आये हैं
इनके लिए देश है सौदा
देश के ये व्यापारी हैं
कैन्सर से भी बढ़ करके ये
खतरनाक बीमारी हैं
अच्छा है
इनका सिर धुनिये
अपना सिर क्यों धुनियेगा।।

●●

बड़की भौजी

जब देखो तब बड़की भौजी हँसती रहती है
हँसती रहती है कामों में फँसती रहती है
झर-झर झर-झर हँसी होंठ पर झरती रहती है
घर का खाली कोना भौजी भरती रहती है।।

डोरा देह कटोरा आँखें जिधर निकलती है
बड़की भौजी की ही घण्टों चर्चा चलती है
खुद से बड़ी उमर के आगे झुककर चलती है
आधी रात गये तक भौजी घर में खटती है।।

कभी न करती नखरा तिल्ला सादा रहती है
जैसे बहती नाव नदी में वैसे बहती है
सबका मन रखती है घर में सबको जीती है
गम खाती है बड़की भौजी गुस्सा पीती है।।

चौका-चूल्हा खेत-कियारी सानी-पानी में
आगे-आगे रहती है कल की अगवानी में
पीढ़ा देती पानी देती थाली देती है
निकल गयी आगे से बिल्ली गाली देती है।।

भौजी दोनों हाथ दौड़कर काम पकड़ती है
दूध पकड़ती दवा पकड़ती दाम पकड़ती है
इधर भागती उधर भागती नाचा करती है
बड़की भौजी सबका चेहरा बाँचा करती है।।

फुर्सत में जब रहती है खुलकर बतियाती है
अदरकवाली चाय पिलाती पान खिलाती है
भइया बदल गये पर भौजी बदली नहीं कभी
सास के आगे उलटे पल्ला निकली नहीं कभी।।

हारी नहीं कभी मौसम से सटकर चलने में
गीत बदलने में है आगे राग बदलने में
मुँह पर छींटा मार-मारकर ननद जगाती है
कौआ को ननदोई कहती हँसी उड़ाती है।।

बुद्धू को बेमशरफ कहती भौजी फागुन में
छोटी को कहती है गरी चिरौंजी फागुन में
छठे-छमासे गंगा जाती पुण्य कमाती है
इनकी उनकी सबकी डुबकी स्वयं लगाती है।।

आँगन की तुलसी को भौजी दूध चढ़ाती है
घर में कोई सौत न आये यही मनाती है
भइया की बातों में भौजी इतना फूल गयी
दाल परसकर बैठी रोटी देना भूल गयी।।

●●

देश का चरित्र

दोस्तों मैं देश का गिरा चरित्र बोल रहा हूँ
घायल आदमी की कलाई से घड़ी खोल रहा हूँ
पैदा हुआ हूँ जब से जहर बाँट रहा हूँ
पूजाघरों में गाय-सूअर काट रहा हूँ।

इस 'मैं' में सिर्फ मैं नहीं पूरा समूह है
पूरा समूह एक और चक्रव्यूह है
जब चाहता है 'मैं' यहाँ गिरती हैं बिजलियाँ
गिरती हैं बिजलियाँ यहाँ जलती हैं बस्तियाँ।

'मैं' मैं ही नहीं 'मैं' में खास-खास लोग हैं
ये खास-खास लोग सौ पचास लोग हैं
इस 'मैं' के चलते आदमी असहाय हो गया
वर्ग हो गया वो सम्प्रदाय हो गया।

नानक कबीर जायसी रसखान फेल हैं
भक्तों की राजनीति में भगवान फेल हैं
लगता नहीं ये सन्तों फकीरों का देश है
लगता है दरिन्दों का लुटेरों का देश है।

मजहब को भी लोगों ने खिलौना बना लिया
अपने-अपने कद का बिछौना बना लिया
बारूद महकती है हवाओं में आजकल
कोई असर नहीं है दुआओं में आजकल।

रो रही है शान्ति आज सत्य हो रहा
औ बुद्ध की जमीन पर है युद्ध हो रहा
अन्धेर-ही-अन्धेर है हर ओर आजकल
सरपंच हो रहे हैं अब तो चोर आजकल।

जूते में दाल बँट रही बैठी बिसात है
कैसे हैं मदरसे यहाँ कैसी जमात है
बेहतर था यार कितना वो कल का जमाना
था रंग फकीराना अन्दाज सूफियाना।

पैसा नहीं कपड़ा नहीं अनाज नहीं था
सब-कुछ था मगर लूट का रिवाज नहीं था
बातों में लोकलाज थी आँखों में शील था
हाकिम ईमानदार था सस्ता वकील था।

बोये गये थे हाथ पर हथियार हो गये
गद्दी का रंग देख के गद्दार हो गये
मत पूछिये कितना गिरा चरित्र देश में
मिट्टी का तेल ही है आज इत्र देश में।

●●

सूखा

आ जा प्यारे आ जा
ओ पानी के राजा
पानी लेकर जल्दी आ जा।।

सूखे ताल हैं
नदियाँ सूखी
सूखी-सूखी झीलें हैं
गिद्ध मुँडेरों पर बैठे हैं
आँगन उतरी चीलें हैं
धान हमारे प्यासे हैं
मेहमान हमारे प्यासे हैं
प्राण हमारे प्यासे हैं
भगवान हमारे प्यासे हैं
प्यासी मरी हिरनिया वन में
समाचार है ताजा
ओ पानी के राजा
पानी लेकर जल्दी आ जा।।

हरियाली में
आग लगी है

आग लगी गुड़धानी में
फसलें रोतीं, इन्द्र न देखे
खोया है इन्द्राणी में
घर में हाहाकार मचा है
गलियारे सन्नाटा है
त्योहारों की हँसी हमारी
कंगाली का आँटा है
कब तक नंगी नाचे धोबिन
उसकी लाज बचा जा
ओ पानी के राजा
पानी लेकर जल्दी आ जा।।

खूँटी पर
हल टँगे हमारे
गहने बिके पढ़ाई में
कैसे होंगे हाथ बहिन के
पीले इस महँगाई में
खेत महाजन की मुट्ठी में
बाकी मालगुजारी है
आँखों में हैं गंगा-जमुना
और देह सरकारी है
सूख रही आँगन की तुलसी
तुलसी को नहला जा
ओ पानी के राजा
पानी लेकर जल्दी आ जा।

●●

आज का हिन्दुस्तान

कैसा हिन्दुस्तान आज का कैसा हिन्दुस्तान है
नंगा यहाँ जुलाहा भाई भूखा यहाँ किसान है।।

सन्तों और महन्तों से यह देश आज का हारा है
पागल कुत्ते का काटा है चौधरियों का मारा है
कुर्सी में ईमान आज है कुर्सी में आजादी है
लोकतन्त्र अन्धों का हाथी नेताओं की चाँदी है
जनता जैसे कूड़ा-करकट और खेत-खलिहान है।।

यह भी कैसा उलटफेर है पक्का चोर सिपाही है
गलियारे में फाग मचा है घर में मची तबाही है
अब भी दूरी बनी हुई है रोटी और लँगोटी में
घर की सारी खुशियाँ गिरवी केवल दाढ़ी चोटी में
यह बतलाना मुश्किल है जी कौन बड़ा शैतान है।।

सब थाली के बैंगन हैं सब बेपेंदी के लोटे हैं
बातें सबकी बड़ी-बड़ी हैं करतब सबके छोटे हैं
सावधान रहना है हरदम हे भाई गद्दारों से
सर्वधर्म समभाव मुखौटा लैस यहाँ हथियारों से
गिरगिट-सा ये रंग बदलते यह इनकी पहचान है।।

इनको केवल वोट चाहिए हम जैसे यजमानों से
पूरे-पूरे गाँव का सौदा होने लगा प्रधानों से
जाति धर्म भाषा को लेकर ये दंगा करवाते हैं
अपने-अपने मौके पर ये कौमों को मरवाते हैं
इनकी नीयत ठीक नहीं हैं गिरा हुआ ईमान है।।

बेकारी है भुखमरी है महँगाई है देश में
वही गुलामी नये सिरे से फिर आयी है देश में
पर्दा-ही-पर्दा है बाहर भीतर-भीतर पोल है
गाँव-गाँव की हुई तरक्की सिर्फ दूर का ढोल है
फूलों का शौकीन हमारा बुलबुल लहूलुहान है।।

कोई स्वाद नहीं मिलता है होली में दीवाली में
खूनी भैंसा देह बनाता वह देखो हरियाली में
साँठ-गाँठ है मिली-भगत है कैसी गुण्डागर्दी है
जैसी उजली टोपी निकली वैसी खाकी वर्दी है
तानाशाही यहाँ रहेगी उसे मिला वरदान है।।

कितना पानीदार देश है कितना पानीदार है
कुछ कहती सरकार यहाँ पर कुछ कहता अखबार है
कोई नक्शा सही नहीं है हर तस्वीर अधूरी है
गाँवसभा से लोकसभा तक अब बदलाव जरूरी है
अन्धे की अगुवाई है यह दिशाहीन अभियान है।।

सब-कुछ जैसे पुश्तैनी है गद्दी यहाँ बपौती है
नेता को आदमी बनाना सबसे बड़ी चुनौती है
अफवाहों के रंग में डूबी बहती हुई हवाएँ हैं
रावण भी बहुतेरे देखो बहुतेरी लंकाएँ हैं
खतरे में रसखान देश का खतरे में भगवान है।।

●●

आज का कीर्तन

जै सियाराम जै जै सियाराम
जै सियाराम जै जै सियाराम
हे यदुनन्दन हे घनश्याम
झूठ की पनही सच का चाम
जै सियाराम जै जै सियाराम।

कैसा कहूँ आज का दौर
छिन-छिन गया हाथ का कौर
बुलबुल करता है फरियाद
सुनता नहीं मगर सैय्याद
हे भगवान! नाव मँझधार
कैसे होगा बेड़ा पार
अपने हाथ नहीं पतवार
मुँह पर है सीधी बौछार
घर से निकले चारों धाम
पहुँच गये सीधे सुरधाम
जै सियाराम जै जै सियाराम।।

खूब सजा मालिक दरबार
नौकर-चाकर बँगलाकार
जितने भी थे अनुभवहीन
सब-के-सब हैं पीठासीन
कुर्सी पर बैठा शैतान

थर–थर काँप रहे भगवान
कैसे कहूँ राम का राज
आती है कहने में लाज
ले–देकर इतना ही काम
दौरा बैठक और सलाम
जै सियाराम जै जै सियाराम।।

नून–तेल–लकड़ी का भाव
रोज सबेरे खाता ताव
ताव देखकर डर जाता हूँ
बिना खरीदे घर जाता हूँ
चारों तरफ लगी है आग
इसी आग में भागम भाग
कल तक थे कौड़ी के तीन
आज हुए कैरम के क्वीन
हल्का नशा गुलाबी शाम
साहेब बीबी और गुलाम
जै सियाराम जै जै सियाराम।।

कहने को हैं सीधे लाल
चलते हरदम टेढ़ी चाल
जब से इन्हें मिला अधिकार
और बढ़ा है हाहाकार
कोई आग लगाने में है
कोई हवा बनाने में है
कोई पाठ पढ़ाने में है
कोई भाव बताने में है
खून में लथपथ शालग्राम
डूब गया बापू का नाम
जै सियाराम जै जै सियाराम।

●●

रमचरना का गाँव

रमचरना कहता है बाबू यही गाँव का हाल है
जो चालू पौ बारह उसके उसकी गोटी लाल है।

गाँव-पाँव में जूते जैसा रहता है परधान के
केवल आगजनी आयी है हिस्से में खलिहान के।

दूध दही की नदी नहीं अब बहती नदी शराब की
नागफनी की अगवानी में बगिया कटी गुलाब की।

पेट में चूहा कूद रहा फैशन का भूत सवार है
कोई खुशी नहीं चेहरे पर कन्धे पर त्योहार है।

कमर झुकी है गाल धँसे हैं नौजवान हैं गाँव का
एक पेड़ भी नहीं रहा पर नक्शा है लखराँव का।

कुछ हो गया ईख को जैसे कुछ हो गया मिठास को
बात-बात में बहू आज की आँख दिखाती सास को।

गाय बिकी है, बैल मरे हैं घर बैठा बरसात में
आठ परानी, तीन रजाई, माघ-पूस की रात में।

भरी सभा में नाक कटी है, पगड़ी गिरी पचीस में
चाँदी की करधनी फँसी है रामलाल की फीस में।

सुरसा जैसी महँगाई है टूटी कमर किसान की
कहीं नहीं सुनवायी होती धरम-करम ईमान की।

धनिया मेरी सचमुच जैसे धनिया है गोदान की
सड़ी नहीं है सूख गयी है ढोली मगही पान की।

कल-परसों में कुर्सी होगी धमकी है तहसील की
नाच रही आँखों में सूरत लाठी लिये जमील की।

जाने कैसी आजादी है जाने कैसा राज है
जिसके बल पर देश खड़ा वह दाने को मोहताज है।

जितने हैं सब सूदखोर हैं इतने बड़े पड़ोस में
ये क्या जानें कौन रो रहा गमछा पहने ओस में।

जिसकी लाठी भैंस उसी की यही हो रहा गाँव में
रात नहीं अब गर्दन कटती है बरगद की छाँव में।

झण्डे पर्चे नारे लेकर आयी जीप विकास की
रौंद गयी करघा कबीर की पोथी तुलसीदास की।

उजले धुले लिबासोंवाले तरह-तरह के नाग हैं
हम सब पुरजन-परिजन जैसे पितृपक्ष के काग हैं।

जंगल में मंगल है लेकिन बस्ती आदमखोर है
कहीं नहीं है नाम चैन का दहशत चारों ओर है।

लाज-शरम कुछ नहीं रही अब जो कुछ है दो-टूक है
इनके घर में बम रक्खा है उनके घर बन्दूक है।

कितना कर्जा लिया न जाने कितना कर्जा लेना है
अरे बाप रे आधे फागुन दो-दो गौना देना है।

सच-सच कहना मालिक मेरे मेरा कहाँ कसूर है
खून-पसीना एक किये हम फिर भी रोटी दूर है।

अब तक की आजादी का बस इतना ही इतिहास है
शहर गाँव का हुआ महाजन गाँव शहर का दास है।

●●

कैसी चली हवा

बूँद–बूँद सागर जलता है
पर्वत रवा–रवा
पत्ता–पत्ता चिनगी मालिक कैसी चली हवा।।

धुआँ–धुआँ चन्दन वन सारा
चिता सरीखी धरती
बस्ती–बस्ती लगती जैसे
जलती हुई सती
बादल वरुण इन्द्र को शायद मार गया लकवा।।

चोरी–छिपे जिन्दगी बिकती
वह भी पुड़िया–पुड़िया
किसने ऐसा पाप किया है
रोटी हो गयी चिड़िया
देखें कब जूठा होता है मुर्चा लगा तवा।।

किसके लिए ध्वजारोहण अब
और सुबह की फेरी
बाबू भइया सब बोते हैं

नागफनी झरबेरी
ऐरे गैरे नत्थू खैरे रोज दे रहे फतवा।।

अग्नि–परीक्षा एक तरफ है
एक तरफ है कोप–भवन
कभी अकेले कभी दुकेले
रोज हो रहा चीर–हरण
फरियादी को कच्ची फाँसी कौन करे शिकवा।।

●●

राम दुलारे

भूखे-प्यासे टूटे-हारे
खेत से लौटे राम दुलारे

पाहुन देखे नाक सिकोड़े
गिनती गिनी और खर्चा जोड़े
नगद उधारी कर्जा जोड़े
फिर अमीन का पर्चा जोड़े

खौला खून और गुस्सा आया
लगा कि जैसे सिर चकराया
बीज नहीं है खाद नहीं है
बीड़ी में भी स्वाद नहीं है

बनिया कहता ब्याज चाहिए
सौ का पत्ता आज चाहिए
लाठी रक्खे पगड़ी खोले
इत्मीनान से बैठे बोले

कैसी है जी खेती-बारी
कैसी मेरी समधिन प्यारी

चली चिकारी लगा ठहाका
चाय-पकौड़ी गप्प सड़ाका

बीच-बीच में हा-हा-हा-हा
राम दुलारे स्वाहा-स्वाहा
नकली हँसी दिखायी देती
फर-फर मूँछ सफाई देती

मौका पाये ताश निकाले
आये थे मुन्ना के साले
मुर्गा तोड़े दारू छाने
बकते रहे न क्या-क्या जाने

जो कहिये मैं सो करवा दूँ
कहिये जिसे उसे मरवा दूँ
सहसा जैसे दिया सुनायी
कण्टरोल पर चीनी आयी

राम दुलारे जेब टटोले
साँसों-ही-साँसों में बोले
कण्टरोल की चीनी साली
होठों-ही-होंठों में गाली

जहाँ देखिये आग लगी है
दिनभर भागमभाग लगी है

खोलो–मूँदो जोड़ो–तोड़ो
इसे पछोरो उसे निचोड़ो

खुद ही जोतो खुद ही बोओ
खुद ही काटो खुद ही ढोओ
गयी नहीं बनिहार की चिन्ता
पढ़े–लिखे बेकार की चिन्ता

घायल रिश्तेदार की चिन्ता
ऊपर से त्योहार की चिन्ता
साँकल बजी तो माथा ठनका
सीना धड़का चेहरा तमका

उठे खाट से राम दुलारे
सहसा बीचो–बीच ओसारे
चक्कर खाकर गिरे बेचारे
सकते में हैं पाहुन सारे

हल्ला मचा अरे बप्पा रे
बिना प्राण के राम दुलारे
●●

गाँव गया था गाँव से भागा

गाँव गया था
गाँव से भागा
रामराज का हाल देखकर
पंचायत की चाल देखकर
आँगन में दीवाल देखकर
सिर पर आती डाल देखकर
नदी का पानी लाल देखकर
और आँख में बाल देखकर
गाँव गया था
गाँव से भागा।

गाँव गया था
गाँव से भागा
सरकारी स्कीम देखकर
बालू में से क्रीम देखकर
देह बनाती टीम देखकर
हवा में उड़ता भीम देखकर
सौ–सौ नीम हकीम देखकर
गिरवी राम–रहीम देखकर
गाँव गया था
गाँव से भागा।

गाँव गया था
गाँव से भागा
जला हुआ खलिहान देखकर
नेता की दालान देखकर
मुस्काता शैतान देखकर
घिघियाता इन्सान देखकर
कहीं नहीं ईमान देखकर
बोझ हुआ मेहमान देखकर
गाँव गया था
गाँव से भागा।

गाँव गया था
गाँव से भागा
नये धनी का रंग देखकर
रंग हुआ बदरंग देखकर
बातचीत का ढंग देखकर
कुएँ-कुएँ में भंग देखकर
झूठी शान-उमंग देखकर
पुलिस चोर के संग देखकर
गाँव गया था
गाँव से भागा।

गाँव गया था
गाँव से भागा
बिना टिकट बारात देखकर
टाट देखकर भात देखकर
वही ढाक के पात देखकर
पोखर में नवजात देखकर

पड़ी पेट पर लात देखकर
मैं अपनी औकात देखकर
गाँव गया था
गाँव से भागा

गाँव गया था
गाँव से भागा
नये-नये हथियार देखकर
लहू-लहू त्योहार देखकर
झूठ की जै-जैकार देखकर
सच पर पड़ती मार देखकर
भगतिन का श्रृंगार देखकर
गिरी व्यास की लार देखकर
गाँव गया था
गाँव से भागा।

गाँव गया था
गाँव से भागा
मुट्ठी में कानून देखकर
किचकिच दोनों जून देखकर
सिर पर चढ़ा जुनून देखकर
गंजे का नाखून देखकर
उजबक अफलातून देखकर
पण्डित का सैलून देखकर
गाँव गया था
गाँव से भागा
••

कचहरी

भले डाँट घर में तू बीबी की खाना
भले जैसे-तैसे गिरस्ती चलाना
भले जाके जंगल में धूनी रमाना
मगर मेरे बेटे कचहरी न जाना
कचहरी न जाना कचहरी न जाना।।

कचहरी हमारी-तुम्हारी नहीं है
कहीं से कोई रिश्तेदारी नहीं है
अहलमद से भी मेरी यारी नहीं है
तिवारी था पहले तिवारी नहीं है।।

कचहरी की महिमा निराली है बेटे
कचहरी वकीलों की थाली है बेटे
पुलिस के लिए छोटी साली है बेटे
यहाँ पैरवी अब दलाली है बेटे।।

कचहरी ही गुण्डों की खेती है बेटे
यही जिन्दगी उनको देती है बेटे
खुलेआम कातिल यहाँ घूमते हैं
सिपाही दरोगा चरण चूमते हैं।

कचहरी में सच की बड़ी दुर्दशा है
भला आदमी किस तरह से फँसा है
यहाँ झूठ की ही कमाई है बेटे
यहाँ झूठ का रेट हाई है बेटे।।

कचहरी का मारा कचहरी में भागे
कचहरी में सोये कचहरी में जागे
मरा जी रहा है गवाही में ऐसे
हैं ताँबे का हण्डा सुराही में जैसे

लगाते-बुझाते सिखाते मिलेंगे
हथेली पे सरसों उगाते मिलेंगे
कचहरी तो बेवा का तन देखती है
कहाँ से खुलेगा बटन देखती है।।

कचहरी शरीफों की खातिर नहीं है
उसी की कसम लो जो हाजिर नहीं है
है बासी मुँह घर से बुलाती कचहरी
बुला करके दिनभर रुलाती कचहरी।।

मुकदमें की फाइल दबाती कचहरी
हमेशा नया गुल खिलाती कचहरी
कचहरी का पानी जहर से भरा है
कचहरी के नल पर मुवक्किल मरा है।।

मुकदमा बहुत पैसा खाता है बेटे
मेरे जैसा कैसे निभाता है बेटे
दलालों ने घेरा सुझाया-बुझाया
वकीलों ने हाकिम से सटकर दिखाया।।

धनुष हो गया हूँ मैं टूटा नहीं हूँ
मैं मुट्ठी हूँ केवल अँगूठा नहीं हूँ
नहीं कर सका मैं मुकदमे का सौदा
जहाँ था करौंदा वहीं है करौंदा।।

कचहरी का पानी कचहरी का दाना
तुम्हें लग न जाये तू बचना बचाना
भले और कोई मुसीबत बुलाना
कचहरी की नौबत कभी घर न लाना।।

कभी भूलकर भी न आँखें उठाना
न आँखें उठाना न गर्दन फँसाना
जहाँ पाण्डवों को नरक है कचहरी
वहीं कौरवों को सरग है कचहरी।।

●●

हमारे देश की मिट्टी

हमारी आन होती है
हमारी शान होती है
हमारे देश की मिट्टी
हमारी जान होती है
यही फागुन हमारा है
यही सावन हमारा है
यही है घर की मर्यादा
यही आँगन हमारा है
यही बोली हमारी है
यही भाषा हमारी है
यही परिचय हमारा है
ये परिभाषा हमारी है
पसीने को बदल देती है
चाँदी और सोने में
ये गंगाजल की शीशी-सी
पड़ी रहती है कोने में
कहीं है दूध-सी गोरी
कहीं क़ाजल-सी काली है
कहीं हाथों की मेंहदी है

कहीं माथे की लाली है
कहीं है पीठ-सी चौरस
कहीं बिल्कुल अधर-सी है
कहीं चिकनी कपोलों-सी
कहीं सीधी नजर-सी है
कहीं अल्हड़ किशोरी है
कहीं कन्याकुमारी है
कहीं बंगाल की खाड़ी
कहीं केसर की क्यारी है
हमारे देश की मिट्टी।।
बड़ी भोली बड़ी प्यारी
बड़ी रसदार मिट्टी है
सितारे भी कहा करते
ये पानीदार मिट्टी है
अगर तुतला के बोलोगे
तो ये तुतला के बोलेगी
अगर झुँझला के बोलोगे
तो ये झुँझला के बोलेगी
इसे जिस रंग में ढालो
वही बस रंग लेती है
इसे देखा है मैंने जंग में
जब जंग लेती है
यही संकट की घड़ियों में
नया अभियान होती है
यही तुलसी यही मीराँ

यही रसखान होती है
इसी का मन गुलाबी है
इसी की देह धानी है
जिसे गाया पुराणों ने
वो इसकी ही कहानी है
खटाई खीरवाली है
ये राँझा-हीरवाली है
इसे माँ की तरह पूजो
बड़ी तकदीरवाली है
हमारे देश की मिट्टी।।
यहीं होती है दीवाली
हमारी ईद होती है
दुबारा ईद की फिर-फिर
हमें उम्मीद होती है
हमारे वास्ते मरघट ये
कब्रिस्तान होती है
जहाँ कुर्बान होते हम
वहाँ कुर्बान होती है
कभी लेकर अँजुरियों में
हमारे भीगे गालों को
कभी सहला के कहती है
हमारे रूखे बालों को
भला सोचो कि ऐसे में
हमें तुम छोड़ जाओगे
कहाँ मुँह मैं दिखाऊँगी

कहाँ मुँह तुम दिखाओगे
पकड़ लेती है ये दामन
कि झट से मुँह बना लेती
अगर रूठा कभी कोई
तो ये झटपट मना लेती
कभी हँस के कभी रोके
कभी कोई बहाने से
हमेशा रोक लेती है
हमें परदेश जाने से
हमारे देश की मिट्टी
न जाने कितनी पोशाकें
न जाने बोलियाँ कितनी
कहाँ तक हम गिनायें अब
कि हैं हमजोलियाँ कितनी
महकती है ये फसलों-सी
चहकती है ये चिड़ियों-सी
खनकती है ये गहनों-सी
दमकती है ये गुड़ियों-सी
हमारे पास ये थाती
हमारे पूर्वजों की है
ये जीते जी हमारी है
नहीं फिर वंशजों की है
ये जिसके हाथ जायेगी
वो इसको यूँ उठा लेगा
ये सीने से लगा लेगी

को आँखों में बसा लेगा
इसी के वास्ते जीना
इसी के वास्ते मरना
हमें है और क्या करना
हमें है और क्या करना
है इसकी आबरू प्यारी
है इसकी जुस्तजू प्यारी
इसी की यार बलिहारी
इसी की यार बलिहारी
हमारे देश की मिट्टी।

●●

गूँगी गंगा

गंगा की बात क्या करूँ गंगा उदास है
वह जूझ रही खुद से और बदहवास है
न अब वो रंगोरूप है न वो मिठास है
गंगाजली को जल नहीं गंगा के पास है।।
दौड़ा रहे हैं लोग इसे खेत-खेत में
मछली की तरह स्वयं तड़पती है रेत में
बन्धों के जाल में कहीं नहरों के जाल में
सिर पीट-पीट रो रही शहरों के जाल में
नाले सता रहे हैं पनाले सता रहे हैं
खा-खा के पान थूकनेवाले सता रहे
कुल्हड़ पड़े हैं चाय के पत्ते हैं चाट के
आखिर कहाँ ये जायेंगे धन्धे हैं घाट के
भीटे की तरह बाप रे कूड़े का ढेर है
यह भी है कोई रोग कि ऊपर का फेर है
असहाय है लाचार है मजबूर है गंगा
अब हैसियत से अपनी बहुत दूर है गंगा
क्या रही क्या हो गयी हैरान है गंगा
शीशे में खुद को देख परेशान है गंगा
मैदान ही मैदान है मैदान है गंगा

कुछ ही दिनों की देश में मेहमान है गंगा
गंगा की बात क्या करूँ
गंगा उदास है।।

पक्का है घाट ठाठ से अहरा लगा रहे
राखी बहा रहे हैं हाँड़ी बहा रहे
जो कुछ बचा है जूठा सो डाल रहे हैं
पत्तल में सब लपेटकर उछाल रहे हैं
बच्चों का बिछौना भी यहीं साफ हो रहा
गलियों का घिनौना भी यहीं साफ हो रहा
जूते में लगा गोबर गंगा में धो रहे
आराम बड़ी चीज है मुँह ढँक के सो रहे
गंगा के पास मुँह नहीं है आजमाइये
सीधी बहाइये इसे उलटी बहाइये
गंगा की जिन्दगी भी कोई जिन्दगी है यार
बस गन्दगी ही गन्दगी ही गन्दगी है यार
गन्दा सड़ा अखबार है गंगा में बह रहा
कचरा है खरपतवार है गंगा में बह रहा
कीचड़ है बदबूदार है गंगा में बह रहा
कब का मरा सियार है गंगा में बह रहा
गंगा की बात क्या करूँ
गंगा उदास है।।

आयी थी बड़े शौक से ये घर को छोड़कर
विष्णू को छोड़ करके शंकर को छोड़कर

खोयी थी अपने-आप में वो कैसी घड़ी थी
सुनते ही भगीरथ की टेर दौड़ पड़ी थी
नागिन-सी डोलती कहीं हिरनी-सी उछलती
आयी है मेरे गाँव तक ये गिरती-सम्हलती
थकती थी बैठती थी लेती थी साँस फिर
झट कूदती थी आगे दो-चार बाँस फिर
बोझा लिये थी ढाल पर लड़की देहात की
घाटी में नाचती रही घोड़ी बरात की
बेकरार हो गये करार प्यार से
कल-कल-कल-कल कलकल धार-धार से
टीलों की प्यास मन से बुझाती चली गंगा
पेड़ों की छाँह-छाँह छँहाती चली गंगा
घर-घर का सारा पाप बहाती चली गंगा
उजड़े हुए नगर को बसाती चली गंगा
गंगा की बात क्या करूँ
गंगा उदास है।।

गंगा ने भगीरथ को भगीरथ बना दिया
जंगल में हुआ मंगल तीरथ बना दिया
यूँ ही नहीं हम पूजते हैं फूल-पान से
गंगा ने प्यास रख ली पराशर की शान से
कितनी जटिल थी देखिये कितनी सरल हुई
कुन्ती की कर्ण जैसी समस्या भी हल हुई
केवट ने भी गंगा की बदौलत बना लिया
आयी न काम सारी अयोध्या दिखा दिया

भीष्म की ही माँ नहीं ये माँ है देश की
गरिमा है पूर्वजों की ये गरिमा है देश की
मुक्ति का है द्वार हमेशा ये खुला है
काशी गवाह है कि यहाँ सत्य तुला है
केवल नदी नहीं है संस्कार है गंगा
पर्व है ये गीत है त्योहार है गंगा
केन्द्र है ये पुण्य का आधार है गंगा
धर्म-जाति देश का श्रृंगार है गंगा
गंगा की बात क्या करूँ
गंगा उदास है।।

जिससे भी मिली गंगा आदर से मिली है
नीचे उतर के दौड़ के सागर से मिली है
घर-घर में आर-पार की माला इसी से है
जीवन का राग-रंग उजाला इसी से है
मीराँ की सिर्फ एक मनौती में आ गयी
रैदास ने चाहा और कठौती में आ गयी
न भेद-भाव है यहाँ न जात-पाँत है
न ऊँच-नीच है यहाँ न छूत-छात है
गणिका का भी धोती है पाप गर्व से गंगा
मिलती है रोज-रोज नये पर्व से गंगा
हम भी तो पाप करते हैं गंगा के भरोसे
काशी में जाके मरते हैं गंगा के भरोसे
काशी में बड़े मान से सम्मान से गंगा
सजती थी रोज-रोज दीपदान से गंगा

भरती थी दूध-फूल और पान से गंगा
बहती थी सुबह शाम इत्मीनान से गंगा
गंगा की बात क्या करूँ
गंगा उदास है।।

शंकर से भी ज्यादा है प्यार पारबती से
हँस-हँस के निभाती है यार पारबती से
दोनों में आज तक कभी ठनगन नहीं हुई
ठनगन नहीं हुई कभी अनबन नहीं हुई
परिवार में रहती है ये परिवार की तरह
पानी में नाव, नाव में पतवार की तरह
रहती है साथ-साथ हर एक काम में गंगा
हैं पारबती धाम में तो घाम में गंगा
देखा है मैंने जाके गाँव पारबती के
गंगा पखारती है पाँव पारबती के
घर पारबती का है गंगा का राज है
गंगा की बदौलत ही यहाँ घर की लाज है
हँस-हँस के महादेव को हर-हर पुकारती
लेती है बलैया सदा लेती है आरती
अस्सी निहारती इसे वरुणा निहारती
गंगा बड़ी उदार तू मुर्दा भी तारती
गंगा की बात क्या करूँ
गंगा उदास है।।

न पीने के लिए है न नहाने के लिए है
गंगा भी आज खाने-कमाने के लिए है

हर घाट यात्री को फँसाने के लिए है
बोरे में बँधी लाश छिपाने के लिए है
गंगा में आज नाव दिखाने के लिए है
हथियार और दारू बनाने के लिए है
आने के लिए है न वो जाने के लिए है
कुछ रात गये खास ठिकाने के लिए है
गुण्डे हैं बेहयाई है नौका विहार में
छनती हुई ठण्ढाई है नौका विहार में
रबड़ी है मलाई है नौका विहार में
सावन की घटा छायी है नौका विहार में
पर्वत है और राई है नौका विहार में
जितनी गलत कमाई है नौका विहार में
मालिक के लिए...नौका विहार में
छप्पन छुरी भी आयी है नौका विहार में
गंगा की बात क्या करूँ
गंगा उदास है।।

जो कुछ भी आज हो रहा गंगा के साथ है
क्या आपको पता नहीं कि किसका हाथ है
देखिये न आज क्या गंगा का हाल है
रहना मुहाल इसका जीना मुहाल है
गंगा के पास दर्द है आवाज़ नहीं है
मुँह खोलने का कुल में रिवाज नहीं है
गंगा नहीं रहेगी यही हाल रहा तो
कब तक यहाँ बहेगी यही हाल रहा तो

अब लीजिये संकल्प ये बीड़ा उठाइये
गंगा पर आँच आ रही गंगा बचाइये
गंगा परम्परा है ये गंगा विवेक है
गंगा ही एक सत्य है गंगा ही टेक है
गंगा से हरिद्वार है काशी प्रयाग है
गंगी ही घर की देहरी गंगा चिराग है
गंगा ही ऊर्जा है गंगा ही आग है
गंग्रा ही दूध-पूत है गंगा सुहाग है
गंगा की बात क्या करूँ
गंगा उदास है।।

●●

कविता लौट पड़ी

तेज धूप में

तेज धूम में
नंगे पाँव
वह भी रेगिस्तान में,
मेरे जैसे जाने कितने
हैं इस हिन्दुस्तान में।

जोता-बोया सींचा-पाला
बड़े जतन से देखा-भाला
कटी फसल तो
साथ महाजन भी

उतरे खलिहान में।
जाने क्या-क्या टूटा-फूटा
हँसी न छूटी गीत न छूटा
सदा रहा
तिरसठ का नाता
बिरहा और मचान में।

जीना भी है मरना भी है
मुझको पार उतरना भी है
यही सोचता रहा
बराबर
बैठा कन्यादान में।

●●

उतरे नहीं ताल पर पंछी

उतरे नहीं ताल पर पंछी
बादल नहीं घिरे
हम बंजारे
मारे-मारे
दिन भर आज फिरे।

गीत न फूटा
हँसी न लौटी
सब कुछ मौन रहा,
पगडण्डी पर आगे-आगे
जाने कौन रहा
हवा न डोली
छाँह न बोली
ऐसे मोड़ मिले।

आर-पार का न्योता देकर
मौसम चला गया
हिरन अभागा उसी रेत में
फिर-फिर छला गया
प्यासे ही रह गये
हमारे
पाटल नहीं खिले।

मन दो टूक हुआ है।
सपने
चकनाचूर हुए
जितनी दूर नहीं सोचे थे
उतनी दूर हुए
रात गये
आँगन में सौ-सौ
तारे टूट गिरे।

●●

बारिश में घर लौटा कोई

बारिश में घर लौटा कोई
दर्पण देख रहा
न्यूटन जैसे पृथ्वी का
आकर्षण देख रहा।
धान-पान सी आदमकद
हरियाली लिपटी है,
हाथों में हल्दी पैरों में
लाली लिपटी है
भीतर ही भीतर कितना
परिवर्तन देख रहा।

गीत-हँसी संकोच-शील सब
मिले विरासत में
जो कुछ है इस घर में सब कुछ
प्रस्तुत स्वागत में
कितना मीठा है मौसम का
बन्धन देख रहा।

नाच रही है दिन की छुवन
अभी भी आँखों में,
फूलझरी सी छूट रही है
वही पटाखों में

लगता जैसे मुड़-मुड़ कोई
हर क्षण देख रहा।

दिन भर चाह रही होंठों पर,
दिन भर प्यास रही
रेशम जैसी धूप रही
मखमल सी घास रही
आँख मूँदकर
सुख
सर्वस्व समर्पण देख रहा।

••

बीते दिन

बीते दिन
मैं भूल नहीं पाता,
था कोई जो
मुझे देखकर
मई जून की तेज धूप में
मेरे आगे हो जाता था
बादल पेड़ खुला छाता।

मन से जुड़ता
चुटकी लेता
ताने कसता था,
खिल उठता था ताल
चाँद पानी में हँसता था
मैं उसकी आँखों में सोता
वह मेरी साँसों में गाता।

कैसे–कैसे शहर और
कैसी यात्राएँ हैं,
तेज धार में हाथ थामकर

साथ नहाये हैं
कितना सहज समर्पण था वह
कैसा था स्वाभाविक नाता

कैसी-कैसी सीमाएँ थीं
कैसे घेरे थे,
शामें थीं रसवन्त और
जीवन्त सबेरे थे,
तन जैसे लहराता रहता
रस जैसे मौसम बरसाता।

••

छुट्टियाँ होती हैं लेकिन

छुट्टियाँ होती हैं लेकिन
क्या बतायें छुट्टियों में हम
अब नहीं घर से निकलते
रंग लेकर राग लेकर
एक आदिम आग लेकर
मुट्ठियों में हम।

धूप-झरना, फूल-पत्ते
गुनगुनाती घाटियाँ
ले गयीं सब कुछ उड़ाकर
सभ्यता की आँधियाँ
घर गृहस्थी दोस्त दफ्तर
बोझ सब लगते समय पर
जी रहे बस औपचारिक
चिट्ठियों में हम।

कल्पनाएँ प्रेम की
संवेदनाएँ प्रेम की
विज्ञापनों में आ गयीं

सारी ऋचाएँ प्रेम की
थे गीत-वंशी कहकहे
क्या-क्या नहीं भोगे सहे
ईंधन हुए
कैसा समय की
भट्ठियों में हम।

••

बरसों बाद मिला है कोई

बरसों बाद मिला है कोई
कहाँ छिपाऊँ मैं,
केवल उसे निहारूँ या
फिर-फिर बतियाऊँ मैं।

तनिक न बदला वही हू बहू
पहले जैसा है
बतियाने का लहजा भी
जैसा का तैसा है
सोच रहा
हँसते चेहरे को
और हँसाऊँ मैं।

थोड़ी सी कुछ टूटन जैसी
मन में झलक रही
बरसी नहीं घटा कजरारी
क्यारी नहीं बही
असमंजस में
घिरा हुआ हूँ
क्या बतलाऊ मैं।

बीते दिन भी इस मौके पर
ऐसे घेरे रहे,
फेर रहे हैं हाथ प्राण पर
मन से टेर रहे,
क्या-क्या फूँकूँ
एक साँस में
क्या-क्या गाऊँ मैं।

●●

पहली-पहली बार गुलाबो

पहली-पहली बार गुलाबो
मैके आई है,
भरी-भरी है देह सुहागिन
भरी कलाई है।

घर-आँगन
दालान-देहरी
छत सीढ़ी गलियारे,
उजियारे में बदल गये हैं
कोनों के अँधियारे,
घर के जैसे रोम-रोम में
पुलक समाई है।

चमक उठे
खिड़की दरवाजे
रैक किताबें बस्ते
बरसों पर घर आये जैसे
नये-लये गुलदस्ते
सीधी चितवन छाँह प्यार की
छुवन मिठाई है।

ऐसी वैसी
खट्टी-मिट्ठी
बाते हैं बहुतेरी,
बतियाने में
हँसी फूटती
केक में जैसे चेरी
　　　　सँग-सँग हरदम हाथ का दर्पण
　　　　छोटा भाई है।

बचपन के
अलबम में खोई
अगवारे-पिछवारे,
अमराई ही अमराई में
चिड़िया पंख पसारे
　　　　सरसों लदी कियारी
　　　　फागुन-धूप नहाई है।

●●

बरसो मेघ और जल बरसो

बरसो मेघ और जल बरसो इतना बरसो तुम
जितने में मौसम लहराये उतना बरसो तुम
बरसो प्यारे धान पान में बरसो आँगन में
फूला नहीं समाये सावन मन के दरपन में
खेतों में सारस का जोड़ा उतरा नहीं अभी
वीर बहूटी का भी डोला गुजरा नहीं अभी
पानी में, माटी में कोई तलवा नहीं सड़ा
और साल की तरह न अब तक धानी रंग चढ़ा
मेरी तरह मेघ क्या तुम भी टूटे हारे हो
इतने अच्छे मौसम में भी एक किनारे हो
मौसम से मेरे कुल का सम्बन्ध पुराना है
मरा नहीं है राग प्राण में बारह आना है
इतना करना मेरा बारह आना बना रहे
अम्माँ की पूजा में ताल मखाना बना रहे
देह न उघरे महँगाई में लाज बचानी है
छूट न जाये दुख में सुख की प्रथा पुरानी है
सोच रहा परदेसी कितनी लम्बी दूरी है
तीज के मुँह पर बार-बार बौछार जरूरी है
काश! आज यह आर-पार की दूरी मर जाती

छा जाती हरियाली सूनी घाटी भर जाती
जोड़ा ताल नहाने कब तक उत्सव आयेंगे
गायेंगे भागवत रास के स्वाँग रचायेंगे
मेरे भीतर भी ऐसा विश्वास जगाओ ना
छमछम और छमाछम बादल राग सुनाओ ना

●●

आज गाँव का हाल देखिए

आज
गाँव का हाल देखिये
हरियाली में खिला हुआ है
कैसा हंसा ताल देखिये।

मन से मन का तार मिला है
जन्म सिद्ध अधिकार मिला है
सूने में दर्पण के आगे
हँसी भरे हैं गाल देखिये।

आँखों में रँग रचा–बसा है
तन सितार सा कसा–कसा है
पूजा में आगे–आगे है
भरा दीप से थाल देखिये।

मौसम के सँग आनेवाला
मौसम के सँग जानेवाला
परदेसी पंछी भी रखता
घर का कितना ख्याल देखिये।

उमड़-घुमड़ है पुरवाई में
उथल-पुथल सी अमराई में
बैठा था टीले पर कोई
छूट गया रूमाल देखिये।

●●

चार आँखों में बँटा

चार आँखों में बँटा
बँटकर
उजाला खिल उठा
धूप वासन्ती मिली
पीला शिवाला खिल उठा।

पान-केसर-आम-महुवा
साथ सब चलने लगे,
आँच कुछ ऐसी लगी
टेसू स्वयं जलने लगे
हाथ रंगों के लगा
दर्पण निराला खिल उठा।

हो गया सुख चैन गायब
नींद गायब हो गयी
जो चीज अब तक पास थी
वो चीज गायब हो गयी
बोलने का मन हुआ
होंठों पर ताला खिल उठा।

छाँह में बैठा हुआ दिन
ऊँघने–सोने लगा
मोड़ से आगे निकलना
फिर कठिन होने लगा
पर लगे सुर्ख़ाब के,
फागुन का प्याला खिल उठा।

●●

सुबह–सुबह पुरइन का पत्ता

सुबह–सुबह
पुरइन का पत्ता
देख रहा मैं ताल में,
जैसे कोई ढाई आखर
बाँच रहा रूमाल में।

जल में खेल रही
जल पाखी!
तुम ऐसी ही बनी रहो,
मेरे घर
कबीर की साखी
तुम ऐसी ही बनी रहो
मन आले सा
खुला–खुला है–
इस कच्ची दीवाल में।

तट पर
कैसा गमक रहा है,
लहर पटोर सुहागी का,

और पास ही
सूख रहा,
भींगा वल्कल बैरागी का
मन का मौसम
आज मिला है
जाने कितने साल में।

ऐसे
कलरव कोलाहल में
धुला हुआ रँग उत्सव का
फूला नहीं समाता जैसे
खुला हुआ रँग उत्सव का
कुछ ज्यादा ही शोख हुआ
बच्चा जैसे ननिहाल में।

●●

बरसों बाद गाँव की बैठक

बरसों बाद
गाँव की बैठक
मिली ठहाके से।

खाना-पीना भूला
बीते कल की चर्चा में
बरगद वाली छाँह कुएँ के-
जल की चर्चा में
बैठ गया
गरियार खेत में
उठा न हाँके से।

बातों में भी कैसे-कैसे
टुकड़े मिलते थे,
पूरे-पूरे गीत, गीत के
मुखड़े मिलते थे
बीच देहरी
आते जाते
लड़ा धड़ाके से।

घुसना पड़ा भीड़ में हँसकर
धँसना पड़ा मुझे
बिछी हुई आँखों में कुछ दिन
बसना पड़े मुझे
काम नहीं बन पाया
केवल
आँगन झाँके से।

तेज धूप में छाँह मिली
सावन की बदली सी
बातें हुईं प्रेम से सटकर
जल की मछली सी
खोले से भी
नहीं खुला कुछ
ढँका न ढाँके से।

●●

छू गया असाढ़

छू गया असाढ़
मोर नाचने लगा,
गाँव का किशोर मन
कुलाँचने लगा।

जंगल में मंगल का
आगमन हुआ,
हाथ लगा आम पका–
डाल का चुआ
धानी रंग लोक पर्व
बाँचने लगा।

टीले पर झूले पर
कजलियाँ मिलीं,
अब बरसीं तब बरसीं
बदलियाँ मिलीं
मानसून जैसे मन
जाँचने लगा।

जल में पथ डूब गये
दूरियाँ बढ़ीं
संकट गहराया
मजबूरियाँ बढ़ीं
गाँव नया छप्पर फिर
साजने लगा।

••

आओ मेघ! पधारो

आओ मेघ!
पधारो
मेरे गाँव बिराजो ना
गाँव बिराजो ना
मधुवन की छाँव
बिराजो ना।

मेटो सारी तपन जलन
तुम प्यास बुझाओ ना,
और सताओ ना अब
ज्यादा देर लगाओ ना।
माँग रही है
वीर बहूटी
मेरी लाजो ना।

दूर दूर से
केवल प्यारे
भाव बताओ ना,
जल्दी-जल्दी

हरियाली से
खेत सजाओ ना
सावन साजो भाई!
मेरा अगहन साजो ना।

मुझसे मेरा गीत न छीनो
प्राण वही है जी,
अँधियारे में दीप वही
मुस्कान वही है जो
बोरा नहीं नमक का मैं
तुम यूँ अन्दाजो ना।

●●

प्यार हमारा मित्र-यार

प्यार
हमारा मित्र-यार
हम कभी न छोड़ेंगे
जनम-जनम का संस्कार
हम कभी न छोड़ेंगे।

दुख में सुख में
साथ-साथ का
जीना मरना है,
अँजुरी का खाली होना
अँजुरी का भरना है
यही हमारी मुख्य धार
हम कभी न छोड़ेंगे।

तेज धूप में
छाँह प्यार की
काफी होती है,
कन्धे पर बस बाँह प्यार की
काफी होती है,

ओर–छोर
यह आर–पार
हम कभी न छोड़ेंगे।

मुझे प्यार ने
रचा बनाया जिया सँवारा है
ध्रुव तारा है
प्यार हमारा सबसे न्यारा है
मन का असली कलाकार
हम कभी न छोड़ेंगे।

●●

पूछो ना फागुन का हाल

पूछो ना फागुन का हाल
आज गुइयाँ
भीतर से भर आयी डाल
आज गुइयाँ।

महुवे के फूल खिले
आम के टिकोरे,
हल्दी से भरे-भरे
धूपिया कटोरे
बाँट रहा सिहरन है ताल
आज गुइयाँ।

गदरायी देह और
सिरचढ़ी हवायें
सन्नाटे में मुरही
और खिलखिलायें
बार-बार गिरता रूमाल
आज गुइयाँ।

भीड़ कसमसाती है,

शाम गुदगुदाती

सागर की पीठ खुली

नाव थपथपाती

पीले में बैठ गया लाल

आज गुइयाँ।

मुश्किल है तारों की

छाँव में निकलना

हाथों में हाथ लिये

घूमना टहलना

काँटों में फूल सा सवाल

आज गुइयाँ।

●●

सूने आँगन रँग का जैसे

सुने आँगन रँग का जैसे
झरना झरता है,
बिना तुम्हारे फागुन भी
मनमानी करता है।

दूर–दूर मन भाग रहा है
गलियों खेतों में,
घाटी पर्वत खँडहरों मे
लहरों रेतों में
किसे बताऊँ
कैसे–कैसे
कहाँ गुजरता है।

पूछ रहे हैं ताल नदी
अमराई पूछ रही,
दर्पण जैसी चमक रही
गोराई पूछ रही
मेले ठेले का
मुस्काना
आज अखरता है।

आग लगाती पानी में
फगुनहट सबेरे से,
निकल-निकल जाता है कोई
बरबस घेरे से,
भरे ताल में
हंस अकेला
जहाँ विचरता है।

ये काजल के सजल घरौंदे
फिर-फिर टेर रहे,
सच-सच बोलो आखिर कब का
बदला फेर रहे
जब जब आती
याद तुम्हारी
दर्द उभरता है।

••

सर्दियाँ मैदान में उतरीं

सर्दियाँ
मैदान में उतरीं
पहाड़ी से।

फूल अँजुरी में लिये
फिर क्यारियाँ मिलने लगीं
भीड़ में त्योहार की
तैयारियाँ मिलने लगीं
बेल बूटे
मेल खाते
लाल साड़ी से।

रेत में फूटे घरौंदे
देह गरमाने लगी
तीर सी चुभती हवा
पहचान में आने लगी
हाथ
बादल मल रहे
हारे जुआड़ी से।

बस्तियाँ फिर गीत लेकर
घाटियों में आ गयीं
सुर्ख़ियों में आ गयीं वे
पर्चियों में आ गयीं
राम जी!
पाला पड़ा
अच्छे अनाड़ी से।

●●

जामुन जैसी भरी-भरी

जामुन जैसी भरी-भरी
रसदार घटाएँ हैं,
मेरी बरखा रानी का
श्रृंगार घटाएँ हैं।

नदी-पहाड़ी-गाँव-खेत
ये घाटी टीलों में,
हँस हँस करके बिछा रहीं
आकर्षण मीलों में,
पता नहीं
किस देवी का
अवतार घटाएँ हैं।

आँखों ही आँखों में
जादू टोना करती हैं
सावन भादों वृन्दावन में
गोरस झरती हैं
अभिशापित विरही का
प्राणाधार घटाएँ हैं।

वन की काली हिरनी
जल की रोहू मछली हैं
अपने–अपने घर से
दोनों मिलने निकली हैं
उमड़ा है
इस पार शहर
उस पार घटाएँ हैं।

••

यही सोचकर आज नहीं निकला

यही सोचकर
आज नहीं निकला
गलियारे में,
मिलते ही पूछेंगे बादल
तेरे बारे में।

लहराते थे झील-ताल
पर्वत हरियाते थे,
हम हँसते थे झरना-झरना
हम बतियाते थे
इन्द्रधनुष उतरा करता था
एक इशारे में।

छूती थी पुरवाई खिड़की
बिजली छूती थी
झूला छूता था झूले की
कजली छूती थी
टीस गयी बरसात भरी
पिछले पखवारे में।

कितना अच्छा चाँद का नागा
करना लगता था
जंगल में मौसम सोने का
हिरना लगता था
मन चकोर का बसता है
जैसे अंगारे में।

••

बादल लौटे नदियाँ लौटीं

बादल लौटे नदियाँ लौटीं
तेरे आने से,
कितना सुख मिलता है घर में
आँख बिछाने से।

पानी बरसा धान–पान में
कल्ले फूट गये
सूने बन्द मदरसे के दिन
पीछे छूट गये
बाज न आया
मौसम वैरी
आग लगाने से।

नापेंगे मीलों हरियाली
पैदल नापेंगे,
होंठों ही होंठों हम मन के
आखर छापेंगे
नहीं भरेगा पेट
कहीं जी भर
बतियाने से।

भरा-भरा है घर आँगन
गीतों त्योहारों का
लगा हुआ है मिलना जुलना
धूप फुहारों का
दौड़ रही
नस नस में बिजली
साथ नहाने से।

••

अच्छा रंग निखरा है

अच्छा रंग निखरा है
मौसम में
छींट का,
आधा घर माटी का
आधा घर ईंट का।

कसी–कसी क्यारी है,
भरा–भरा ताल है,
दुलहिन के हाथों में
पूजा का थाल है
घूँघट ही घूँघट में
मुखड़ा है
गीत का।

महुवे का दोना है
मधुवन की प्यास है
अवसर का सुख जैसे
अवसर के पास है
रह रहकर

छू जाता
झोंका है नींद का।

धूप हँसी छूती है
खिलती है माधुरी
गूँज रहा वृन्दावन
स्वर बोती बाँसुरी
पहला ही मौका है
आज बातचीत का।

••

चम्पा

कैसे-कैसे सपने मन में,
बुनती है चम्पा,
पीठ फेर कर रोज भागवत
सुनती है चम्पा।

कृष्ण बाँसुरी राधा ऊधव
सबको पढ़ती है,
तुलसी दल अँजुरी में लेकर
आगे बढ़ती है
अपने मन की छाँह
धूप में
चुनती है चम्पा।

बिरहा गाती है मौसम में
कजली गाती है
उत्सव करती है आँगन में
पर्व मनाती है
पाहुन के स्वागत में
कैसी
बिछती है चम्पा।

जंगल पर्वत झरना सबसे
हँसकर मिलती है
लजवन्ती सी झील किनारे
खुलकर खिलती है
जैसे
झुकती डाल कदम की
झुकती है चम्पा।

काटा करती है लिख लिखकर
मेंटा करती है,
मन ही मन वह हर विस्तार
समेटा करती है
आहट
हर आहट पर सोती
जगती है चम्पा।

देहरी–दीप अल्पना घर में
चोवा चन्दन है,
साँसों में प्राणों में कोई
अलखनिरंजन है,
जाने क्या
उँगली पर अक्सर
गिनती है चम्पा।

••

हरसिंगार के फूल

हरसिंगार के फूल खिले हैं
न्यौता आया है,
अपने गाँव दुबारा तुमने
मुझे बुलाया है।

गाँव गली से झील ताल से
नहीं मिले हम कई साल से
भर–भर आती आँख
सुबह से
मन अकुलाया है।

खेत लहालह धान महामह
फूले होंगे काँस गहागह
मैंने
फिर अपने को शायद
बेबस पाया है।

साँसो में है गंगा लहरी
आँखों में है धूप दुपहरी
परदेसी ने बारहमासा
रोकर गाया है।

••

जागो मेरी नींद

जागो
मेरी नींद सुहागिन
आज चाँदनी में।

आज
चाँदनी हँसकर हामी
भरती दीख रही
सूख रहे होंठों पर
अमृत
झरती दीख रही
कलकल कलकल
मधुर मधुर
आवाज चाँदनी में।

आज
चाँदनी खुलकर कहने
सुनने लायक है,
बुनने लायक है
यह मौसम

चुनने लायक है
खेल रहा है
मुँदरी का
पुखराज चाँदनी में।

आज
चाँदनी महासिन्धु में
ज्वार उठायेगी
आज
चाँदनी वृन्दावन में
रास रचायेगी
सूने आँगन की
रखनी है
लाज चाँदनी में।

●●

आधी रात गये

आधी रात गये
आँगन में
खुले ओस के फूल।

सहसा आया ऐसा लहरा
बदल गया मौसम का पहरा
आम और
महुवे के पानी
धुले ओस के फूल।

टहनी छुए
न तिनका कुतरे
सीधे-सीधे
मन में उतरे
रंगों के सँग
गीत बराबर
तुले ओस के फूल।

सिहरन का मन
हुआ गुलाबी
और बढ़ी मीठी बेताबी,
गरम–गरम
होंठों पर थे
गुलगुले ओस के फूल।

●●

कैसे दिन आ गये

कैसे दिन आ गये
मुँह सूखा–सूखा है
पत्ते पियरा गये।

चुभती है धूप और
छूटता पसीना
आफत का परकाला
चैत का महीना,
आँखों में
धूल पड़ी
फिर धोखा खा गये।

मेले में देह छिली
भीड़ की दुहाई
रात गये कोयल से
बोली अमराई
बौराये
आम–नीम–महुवे
पगला गये।

बड़े–बड़े ताल हुए
आँजुरी कटोरे,
आँधी के हाथ लगे
आम के टिकोरे
आँच लगी
पानी के पौधे
मुरझा गये।

●●

मन पलाश के वन जैसा

मन
पलाश के वन जैसा फिर
हो जायेगा फागुन में
घर की मीठी याद लिये वो
खो जायेगा फागुन में।

फिर ताजा गुदगुदी खिलेगी
सिहरन की फुलवारी में,
सारा गाँव सुबह से होगा
मौसम की तैयारी में,
गंगा में जौ हँसकर कोई
बो जायेगा फागुन में।

सौ–सौ गीत इन्हीं साँसों में
डूबेंगे उतरायेंगे,
बौर आम के जाने कैसा कैसा
पाठ पढ़ायेंगे
हल्दी के जल चावल कोई
धो जायेगा फागुन में।

रात गये महुवा पिछवारे
टेरेगा गुहरायेगा
वैरी चाँद खुले आँगन में
आकर और जलायेगा
खिड़की खुली रहेगी
कोई
सो जायेगा फागुन में

●●

घर से निकल पड़ा

घर से
निकल पड़ा है फागुन,
जाने किसके इन्तजार में
रस्ता छेंक खड़ा है फागुन।

मिलने जुलने लगा रोज
अमराई से
फुलवारी से,
खाली घर भरता है
मीठी सिहरन से
किलकारी से,
देखो किसके सिर जाता है
रँग से भरा घड़ा है फागुन।

फिर पलाश के वन फूले हैं
फिर पगडण्डी लौटी है,
ऐसे में रंगों से बचना
सबसे कठिन चुनौती है

खड़ी फसल के आगे कैसा
बजता कड़ा–छड़ा है फागुन।

राग–रंग से भरे प्राण को
बहलाता फुसलाता है,
जिसकी भी चुटकी लेता वह
फूला नहीं समाता है,
दुलहिन के नथ मूँगा जैसा
बीचोबीच जड़ा है फागुन।

●●

जाओ जी जाओ ना

जाओ जी जाओ ना,
फूले हैं टेसू के जंगल
फूले टेसू लाओ ना।

ये टेसू के फूल बावरे
हँसकर छूते हैं,
सीधे-सीधे मन के भीतर
धँसकर छूते हैं,
कब से बुला रहे हैं टेसू
देर लगाओ ना।

धूप गुलाबी हवा गुलाबी
खेत गुलाबी हैं
काली काली आँखों के
संकेत गुलाबी हैं
रूठ न जाये
प्यार गुलाबी
इसे रुलाओ ना।

गीत नया जन्मेगा कोई
अंकुर निकलेगा
उतरा है रंगों का मौसम
तेवर बदलेगा
आँख मिलाओ
खुलकर प्यारे
आँख चुराओ ना।

●●

रस ले लेकर

रस ले लेकर लोग लगे
बतियाने फागुन में,
बार-बार मन भाग रहा
बरसाने फागुन में।

जंगल झरना घाटी पर्वत
टीले गाँव गली
रंगों की मुट्ठी में दुनिया
ऐसी हवा चली,
पूछ रहे सब
चार आँख के
माने फागुन में।

मन बजता है झील-ताल सा
लहरा लेता है,
जाग रही लहरों पर मौसम
पहरा देता है
कौन लगा
इस तरह हमें
बहकाने फागुन में।

अमराई की साँस–साँस में
बौर महकते हैं
पता नहीं क्यों धूप ढले ये
और महकते हैं
गाँव गली की
छुवन लगी
उकसाने फागुन में।

मीलों में फूले हैं टेसू
सरसों फैली है
नये नये पत्तो की आज
गुलाबी रैली है
सूझ रहे हैं
कैसे नये
बहाने फागुन में।

●●

बादल झरे पँखुरियों में

बादल झरे पँखुरियों में
रस के फूल
हँसी के मारे
ठहरे नहीं अँजुरियों में।

टहनी टहनी भरी
पेड़ के पत्ते गदराये,
इन्द्रधनुष घण्टों मुँडेर से
बोले बतियाये
फूली नहीं समाती
कोई देह
काँच की गुरियों में।

झीलों में हैं
तालों में,
खेतों में गलियों में
कुछ ऊँघती बदलियों में
जागती बिजलियों में
आधा सावन
आधा फागुन
गाँव की बहुरियों में।

अँजुरी भर मेंहदी के पात

अँजुरी भर मेंहदी के पात
पिया ले आये,
बरखा की पहली सौगात
पिया ले आये।

मौसम ने गीत दिया,
स्वर दिया घटाओं ने
आँचल को पंख दिया
मुँह लगी हवाओं ने
आँगन में
रिमझिम बरसात
पिया ले आये।

तन जैसे फूले गुल मोहर की
डाल हुआ
मन जैसे बार-बार हाथ का
रूमाल हुआ
जीवन का
मंगल अहिवात
पिया ले आये।

चींटी सी बींध गयीं
पोर–पोर बौछारें
सब कुछ जैसे अपना
क्या जीते क्या हारे
दिन दुपहर
मधुवन्ती रात
पिया ले आये।

●●

तुम छू गये

तुम छू गये
कि जैसे उजले पाख छू गये,
लौट पड़ी है
कोसों गयी नदी
आज हथेली
चूम गयी हल्दी
तुम छू गये
कि सपने
रोती आँख छू गये।

सिर माथे से
पतझर उतर गया,
तन पर जैसे निखरा
रंग नया,
तुम छू गये कि
पत्ते सूखी शाख छू गये।

मौसम सारी दूरी
मेट गया,

रहा सहा अलगाव
समेट गया,
तुम छू गये कि
वीराने को
लाख छू गये।

●●

लगता जैसे आज चाँदनी

लगता जैसे आज चाँदनी
आग लगायेगी
आग लगायेगी ये मेरी
प्यास बढ़ायेगी।

गहरी-गहरी सिरहन बोने लगीं
हवाएँ भी,
मीठी-मीठी चुटकी लेने लगीं
दिशाएँ भी
कितना कितना
बदला मुझसे
नींद चुकायेगी।

बींध रहा सन्नाटा जैसे
कुहरा बींध रहा,
राज कुँवर को राजमहल का
पहरा बींध रहा
कब आयेगी
प्रिया बाँसुरी
गीत सुनायेगी।

जाने क्या–क्या डोल रहा है
मेरी आँखों में,
मेरे मन का मौसम जैसे
कैद सलाखों में
हँसी उड़ाकर
शाम गयी
अब सुबह उड़ायेगी

●●

अगहन के दिन

मेरे घर आये हैं
अगहन के दिन,
नयी आग लाये हैं
अगहन के दिन।
झील ताल वन पहाड़
गाँव गली
खेतों में,
लिपे पुते आँगन के
मीठे संकेतों में
राग सा समाये हैं
अगहन के दिन।

खुले खुले कन्धे हैं
खुली–खुली
बातें हैं,
बातों ही बातों में
गहराती रातें हैं
ओस में नहाये हैं
अगहन के दिन।

सिहरन से भरा भरा
मन हुआ
अलाव का,
ऐसे में मन माफिक
साथ भी पड़ाव का
आज कसम खाये हैं
अगहन के दिन।

••

बार-बार अम्माँ का जैसे

बार-बार
अम्माँ का जैसे
चना चबेना है,
गाँठ बाँध लो
भूल न जाना
स्वेटर लेना है।

कल परसों से
अच्छी खासी
सर्दी पड़ती है,
जैसी गड़ती
सुई हाड़ में
वैसी गड़ती है,
इसी आँच में,
देह बचाना
अण्डे सेना है।

खेत कचहरी
रिश्तेदारी

सबके न्यौते हैं,
ब्याह सगाई
गृह प्रवेश अब
नये सरौते हैं
जितनी उपज मिली है
उसका दुगुना देना है।

कड़ुवा लगता
गीत का टुकड़ा
गायब हुई हँसी
एक रजाई की
चिन्ता में,
मेरी नींद फँसी
हलवाई के आगे
जाड़ा
खोवा छेना है।

••

मन कहता है

मन कहता है,
इसे बुला लूँ
ऋतु है मेरे प्यार की
और प्यार से बात करूँ
इस मौसम में
अधिकार की।

नींद हिरन हो गयी
गाँव से
वनों कछारों में,
आँखें चाह रही हैं,
खिड़की
इन दीवारों में,
गीतों के कन्धे पर जैसे
टोली है शृंगार की।

वासन्ती सुधियों के
रंग में
डूबी गलियाँ हैं,

गलियों के
गालों में भी
वासन्ती कलियाँ हैं
कलियों में भी
देख रहा हूँ
एक कली कचनार की।

ओस नहाये
पंछी हैं बैठे
अमराई में,
किसे पता है
कौन कहाँ
कितनी कठिनाई में
कैसी मिली भगत है
देखो
मीठी धूप बयार की।

••

घर से लोग निकल आये हैं

घर से
लोग निकल आये हैं
फागुन की अगवानी में।

धूप गुलाबी
हवा गुलाबी
और गुलाबी रातें हैं,
मन भी बदला बदला है
कुछ बदली बदलीं बातें हैं
छुप करके
रंग घोल रही है
रामदरस बो पानी में।

मुँह से लगी
ठिठोली भोली
चुहल भरी है आँखों में
वासन्ती मौसम की गहरी
गरमाहट है पाँखों में
चन्दन रोली

सोच रहे हैं
भूल हुई नादानी में।

कोयल–कोयल
अमराई है,
राग–राग हरियाली है,
बस्ती–बस्ती
रस में डूबी
पान–फूल की प्याली है
हाँ, हाँ भरा हुआ है कैसा
झूठी आना कानी में।

••

फागुन के दिन चार बसन्ती

फागुन के दिन चार बसन्ती
फागुन के दिन चार,
मन से जियो
उतारो फेंको
यह चोला बेकार बसन्ती।

लौटे रंग रँगोली लौटी
चुटकी हँसी ठिठोली लौटी
सन्नाटे में गीत खिला फिर
दुलहिन लौटी डोली लौटी
आँखों में
फूली अमराई
कन्धे पर त्योहार बसन्ती।

दर्पण आगे मुखड़ा गोरा
भरा दूध से बड़ा कटोरा
घर का मंगल दीप जगा है
तुलसी चौरे खुला सिन्होरा,
फूला नहीं समाता

देखो
आदमकद कचनार बसन्ती।

भरी गिरस्ती महुवाबारी
पान फूल से लदी कियारी
पूजा की वेदी पर जैसे
अक्षत चन्दन दूब सुपारी
कोहबर देह
देह पर पियरी
सगुन भरा अभिसार बसन्ती।

मौसम है यह आर–पार का
नाव नदी जंगल कछार का
टेसू महुवा और आम की
छाँहों में उतरी बहार का
मैं क्या निकला
घर से बाहर
निकल पड़ा संसार बसन्ती।

••

सन्तों के बाने में

सन्तों के बाने में
ऐसे
कई महाशय हैं
मगर पालने वाले
जैसे
छिपे जलाशय हैं।

सब कुछ पीते हैं
ये श्रीमान्
सब कुछ खाते हैं
लोहा लक्कड़
कंकड़ पत्थर
खाद पचाते हैं
कैसे कैसे
जबड़े हैं
कैसे आमाशय हैं।

दुनिया भर की
भौतकताएँ

इनकी मुट्ठी में
दुनिया को ही
झोंक रहे हैं
घर की भट्ठी में
शब्द बड़े शहदीले
पर
जहरीले आशय हैं।

••

आदमी

अब
दिनों दिन धातु होता जा रहा है
आदमी
नस्ल की पहचान खोता जा रहा है
आदमी।

सोना कहीं
चाँदी कहीं
ताँबा कहीं इस्पात है,
अब रेडियम क्या चीज है
यूरेनियम भी मात है,
सिर्फ
बर्तन ही डुबोता तो
कोई चिन्ता नहीं
तैश में सब कुछ डुबोता जा रहा है
आदमी।

कैसे कैसे
कठघरों में

आदमी जीने लगा,
खून ऐसा मुँह लगा कि
वह खून ही पीने लगा
मारकर धरती को ठोकर
उड़ रहा आकाश में
जेब भरता जा रहा है
और रोता जा रहा है
आदमी।

इस तरह
भीतर से नंगा हो रहा है
देखिये,
दिन दहाड़े
बिल्ला-रंगा हो रहा है
देखिये
बहती गंगा सी व्यवस्था
चल रही है साथ में
और जमकर
हाथ धोता जा रहा है
आदमी।

••

इस खिलाफ मौसम में

इस
खिलाफ मौसम में
मेरा अन्तरंग है कोई।

आगे आता दुख में सुख में
हाथ बँटाता है,
लगता जैसे जनम जनम का
पक्का नाता है,
जैसे
मेरे जीवन का
पूरक प्रसंग है कोई।

वही
प्रेरणा देता है संकट की घड़ियों में
फिर चौकड़ियों में
रस संवेदन हाव भाव
भाषा उमंग है कोई।

वही
मुझे गाता दुहराता
वही सजाता है,
जब जब ओझल होता हूँ मैं
वह गुहराता है
परछाई सा हरदम मेरे
संग-संग है कोई।

••

मीठी-मीठी बातें

मीठी-मीठी बातें
और चने का होरा है
यार! इसे रँगना है
यह तो बिल्कुल कोरा है

रंगों का मौसम है
चर्चा चलती रंगों की
महुवा और आम की चर्चा
ढोल मृदंगों की
कजरारी आँखों में
खिला,
गुलाबी डोरा है।

कई दिनों से
बौर आम का
ऐसा महक रहा
जिसे बहकना नहीं चाहिए
वह भी बहक रहा
हरी मटर के दाने जैसा
अभी टिकोरा है।

गोरा मुँह वासन्ती घूँघट
नयी नवेली का
अमराई में गूँज रहा है
गीत हवेली का
देह नहीं,
दर्पण में जैसे
खुला सिन्होरा है।

●●

लोकरंग में

लोकरंग में जादू टोना
माने रखता है,
कच्चे घर में रूप सलोना
माने रखता है।

हल्दी अक्षत पान फूल सा
रस की वेला में,
आगे–आगे रहता है मन
उत्सव मेला में।
गाँठ हुआ
आँचल का कोना
माने रखता है।

आदमकद काठी में कैसा
कैंड़ा मिलता है,
मीलों लम्बा धूल धूसरित
पैंड़ा मिलता है
जंगल में
मंगल का होना
माने रखता है।

मरुथल भी है दलदल भी है
है सन्नाटा भी
ठेंगे पर हैं लाट गवर्नर
बिड़ला टाटा भी
बहती गंगा
हाथ न धोना
माने रखता है।

••

गमले में बरगद

गमले में
बरगद का पौधा आखिर
कितना विकसित होगा,
हद भी सीमित होगी उसकी
उसका कद भी सीमित होगा।

बस मुट्ठी पर खाद और
पानी फौव्वारे का
यह भी एक अनुग्रह है,
उसके रखवारे का,
तन से भले हरा पर
मन से
मन से तो वह कुण्ठित होगा।

वैसे तो गमले का बरगद
शोभा बँगले की
लेकिन जगह बदलती रहती
हरदम गमले की

यह सन्त्रास वही बूझेगा
जो जमीन से वंचित होगा।

चिड़ियों से चरवाहों से
औ ढोरों मौसम से
कटकर जीन पड़ता है
जीवन के सरगम से
क्या भविष्य उस बचपन का
जो शोषित और कुपोषित होगा।

●●

तोड़ते पत्थर

तोड़ते पत्थर
वनस्पतियाँ उगाते दिन
दुबारा फिर नहीं दीखे।

नदियाँ रहीं
लेकिन समय की रेत में
खोती गयीं
जंगल हवा होते गये
औ बारिशे रोतीं गयीं
पंछियों से घाटियों से
चहचहाते दिन
दुबारा फिर नहीं दीखे।

जो नाव जैसे बाढ़ में थे
फूल जैसे बौर में
कन्धे नहीं नारे नहीं
अगुवा हुए हर दौर में
वंशजों की पीठ
खुलकर थपथपाते दिन
दुबारा फिर नहीं दीखे।

ऊबे नहीं भागे नहीं
जमकर लड़े जीते समर
धन्य हैं वे प्राण वे संकल्प
वे हस्ताक्षर
पोंछते हँसकर पसीना
सुर मिलाते दिन
दुबारा फिर नहीं दीखे।

●●

पनप रहा विद्रोह

पनप रहा विद्रोह
सहज स्वाभाविक मुद्रा में,
नहीं बँधेगा बुद्ध हमारा
पोथी पत्रा में।

होने लगे समर्थन वापस
सड़े गले प्रस्तावों से
सहसा मन बदला है कैसा
छुट्टी मिली तनावों से
होंगे मंगल कार्य आज से
भरणी भद्रा में।

कड़ियाँ टूट रहीं कैदी की
अब फाटक भी टूटेगा।
पर उपदेश कुशल बहुतेरे
जैसा भण्डा फूटेगा
सदियों सोया रहा अभागा
गहरी निद्रा में।

रुचियाँ बदलीं तेवर बदले
बदले बिम्ब कलेवर भी
बदला बदला स्वाद समय का
बदला बदला फ्लेवर भी
कब तक पड़ा रहेगा बोलो
हीरा कचरा में।

●●

जंगल पर्वत एक नदी

जंगल पर्वत
एक नदी
बलखाती चली गयी
हँसिया जैसी धार और
गहराती चली गयी।

सन्नाटा छूमन्तर
मीठा कलरव गूँज उठा
कलरव में भी अधुनातन
और अभिनव गूँज उठा
घाट–सीढ़ियाँ तट–कछार
सहलाती चली गयी।

उत्सव क रँग
गाँव का पनघट
हँसकर देख रहा
थोड़ा आगे और धार में
धँसकर देख रहा
तनिक मोड़ पर रुकी और
बतियाती चली गयी।

जीवन लौटा नये सिरे से
कविता लौट पड़ी,
चेतन का संवेदन ले
रसमयता लौट पड़ी
सरिता भी पथ में पड़ाव
ठुकराती चली गयी।

••

ऐसी घिरी बदरिया कारी

ऐसी घिरी
बदरिया कारी, पूछो ना
झिर झिर झिर झिर
हवा अँटारी पूछो ना।

खाट निखहरी
गलियारे से गयी
ओसारे में,
आज नहीं निकलेगी जल्दी
फिर गलियारे में,
दुहरी-तिहरी-
है बँसवारी पूछो ना
धानी चूनर की
बलिहारी पूछो ना।

राम मड़ैया कैसी कैसी
कजली गाती है
दिन दुपहर मौसम से
खुलकर

चोंच लड़ाती है
चुटकी लेती गोदनहारी पूछो ना
सिसकारी डूबी किलकारी पूछो ना

आधे रस्ते टुप टुप बूँदें
यूँ बौछार हुईं
बौछारें भी सहसा जैसे
धारोधार हुईं
बही फूटकर बँधी कियारी पूछो ना
खाली टेम्पो एक सवारी पूछो ना।

●●

सच है, प्राणों से भी कोई

सच है,
प्राणों से भी कोई
प्यारा होता है।
सपना होता है आँखों का
तारा होता है।

छू छूकर वह मन में
आदिम राग जगाता है,
जड़ को भी वह तरल
और चैतन्य बनाता है,
डूब रहे के आगे वही
किनारा होता है।

मरुथल में भी संवेदन है
रस की धारा है,
इस गृहस्थ से साधू क्या
भगवान भी हारा है,
बिरला होता है दुनिया में
न्यारा होता है।

अन्तराल में यही गूँजता
यही समाता है
ऐसा ताना बाना इसका
ऐसा नाता है,
यही बर्फ में आग
ईंट पर गारा होता है।

••

उत्सव मेले पर्व और

उत्सव मेले पर्व और
त्योहार चाँदनी है
मेरे कच्चे आँगन का
शृंगार चाँदनी है।

बातों ही बातों में
आटा लोई बनता है,
जाग रही आँखों का सपना
कोई बनता है,
आज स्वयं ही
नाव नदी
पतवार चाँदनी है।

आस पास जब
मीठी मीठी आहट मिलती है
आहट मिलती है आहट से
राहत मिलती है
प्यासे होंठों पर
गोरस की
धार चाँदनी है।

जैसे कोई गीत पहाड़ी
फिर–फिर टेर रहा,
फिर–फिर टेर रहा है कोई
बरबस घेर रहा,
मौका है इस पार और
उस पार चाँदनी है।

ठहरे हुए ताल का कोई
कोना डोल रहा,
परदेसी के मन की गाँठें
मौसम खोल रहा,
लाज और मर्यादा का
विस्तार चाँदनी है।

●●

ऐसा वातावरण मिला

ऐसा वातावरण मिला जो
मन चैतन्य हुआ

तेज धूप
मरुथल की चिन्ता
फिर–फिर नहीं हुई,
अनुभव मेरा भाव हुआ है
भाषा छुई मुई
सागर सा वह विस्तृत गहरा
उतना ही लहराया ठहरा
मैं
कृत कृत्य हुआ हूँ, मेरा
कण कण धन्य हुआ।

दर्शन–छुवन
मिलन–आलिंगन
सबसे हुआ परे
नींद गयीं ठेंगे से
उसकी चिन्ता

कौन करे

साँस बना वह धड़कन मेरी

पानी-पानी ऐंठन मेरी

गोपनीय फिर

रहा न कुछ भी

और अनन्य हुआ।

••

मन का वृन्दावन होना

मन का वृन्दावन होना
इतना आसान नहीं,
वृन्दावन तो वृन्दावन है
घर दालान नहीं।

जब कि
मन के भीतर
कितने कितने कोठे हैं
फिर भी लगता
कभी कभी
कोठों के टोंटे हैं
व्यापारी मन के लिए
वहाँ
कोई स्थान नहीं।

वृन्दावन में
ठेस नहीं
कोई अलगाव नहीं
चरैवेति बस चरैवेति

ठहराव पड़ाव नहीं
परिधि नहीं है,
दिशा नहीं,
कोई प्रस्थान नहीं।

वृन्दावन ने छुआ
और
मन सोया जाग गया
वृन्दावन भा गया जिसे
वह
घर से भाग गया
फिर फिर कोई
चाह नहीं,
कोई अरमान नहीं।

वृन्दावन के भीतर का
संसार
निराला है,
ना तो कोई कण्ठी माला
ना मृगछाला है,
जीने वाला
हर कोई
मीराँ रसखान नहीं।

●●

डूब चला चन्द्रमा

डूब चला चन्द्रमा
कन्हैया!
घर जाने दो ना,
वह देखो
जा रही जुन्हैया
घर जाने दो ना।

कल की तरह
आज फिर मुझ पर
डाँट पड़ेगी घर में,
धक-धक करता है
जी मेरा
मेरे प्राण अधर में
टेर रही
खूँटे पर गैया
घर जाने दो ना।

कैसी कैसी मर्यादाएँ
कैसे हैं

प्रतिमान,
हाथों से ये
छूट गिरे ना
दर्पण सा सम्मान
मैं
तेरी ले रही बलैया
घर जाने दो ना।

अब मत टेरो
और बाँसुरी
मेरा ख्याल करो
बीच भँवर में
नैया मेरी
नैया पार करो
कल होगी
फिर ताता थइया
घर जाने दो ना।

●●

नाव नदी में

नाव नदी में तट कछार में
सुख ही सुख है आर-पार में।

रस ही रस है आस पास में
गीत भजन में कल्पवास में
सब के सब बेसुध हैं जैसे
भरत भाव में राम-प्यार में।

उत्सव मेले राग-रंग हैं
सब जीवन के संग-संग हैं
जैसे कोई टेर रहा है
लहर-लहर में धार-धार में।

अँजुरी-अँजुरी पान फूल है
कल-कल कल-कल कूल-कूल है
आकर्षण कण-कण में जैसे
सम्मोहन है तार-तार में।

माघ-मकर का सूर्य योग है
महा मिलन है चिर वियोग है
मन कहता है मन से खेलो
क्या रक्खा है जीत-हार में।

●●

चलो जी चलो आज संगम

चलो जी चलो
आज संगम नहायें
लिये हाथ में हाथ
गोता लगायें।
बुलाया है संगम ने
आओ नहाओ,
नहाओ यहाँ, पाप
धोओ बहाओ,
वहाँ धर्म की, कर्म की
बात होगी
वहाँ प्राण के मर्म की
बात होगी
चलो गीत लेकर
भजन से भुनायें
यही पुण्य लूटें
यही फल कमायें।

वहाँ वेद पाठी उपासक
मिलेंगे,

वहाँ योग में लीन साधक
मिलेंगे,
वहाँ, सन्त धूनी रमाये
मिलेंगे,
वहाँ भक्त पलकें बिछाये
मिलेंगे,
चलो ठाठ से
रेत में घर बनायें
गृहस्थी से ऊबा हुआ
मन लगायें।

बड़े भाग से पर्व
आया हुआ है,
हवा-धूप जल में
समाया हुआ है,
सुना है कि लहरें
किनारे बुलाकर
हँसी बाँटती
खिलखिला खिलखिलाकर
चलो भीड़ में हम
हँसे खिलखिलायें
वही राग गायें
वही स्वर उठायें।
●●

यह संगम की भूमि

यह संगम की भूमि
पुण्य की कथा सुनाती है,
श्वेत-श्याम जलधार यहाँ
हरदम लहराती है।

पाप काटती पुण्य बाँटती
पावन धरती है,
जीवन देती, प्राण फूँकती
अमृत भरती है
मन्त्र गूँजते हैं
कल-कल-कल
गाय रँभाती है।

राजा-रंक-फकीर-भिखारी
दानी आते हैं
साधू-योगी-यती-सभी
जैकार लगाते हैं
दूर-दूर तक
ध्वजा धर्म की
राह दिखाती है।

उत्तर दक्षिण पूरब पश्चिम
चारों मिलते हैं
चारों मिलते हैं आपस में
मिलकर खिलते हैं
इसकी महिमा
बड़ी निराली
दुनिया गाती है।

कहने को यह बस–
गंगा–यमुना का संगम है,
त्याग तपस्या–प्रेम और
करुणा का संगम है,
यही प्रभाती है
जन–जन की
यह सँझवाती है।

●●

अद्भुत है यह श्रृंगवेरपुर

अदभुत है
यह श्रृंगवेरपुर
जो भी आता है,
बड़े प्रेम से
उसे राम की
कथा सुनाता है।

गंगा की लहरें आपस में
चर्चा करती हैं
सुख से भरती हैं जीवन को
रस से भरती हैं
जनम-जनम का
राम और केवट का
नाता है।

सहज भाव से प्रभु के भीतर
केवट पैठ गया,
और राम के पाँव पकड़कर
धोने बैठ गया

हार गये प्रभु
केवट आगे
कण–कण गाता है।

गणिका–गीध–अजामिल को
जिस प्रभु ने तारा है
ऐसे प्रभु को केवट ने
उस पार उतारा है
हरदम लगता है
केवट प्रभु से
बतियाता है।

नहीं चली लछिमन सीता की
प्रभु भी मान गये,
केवट की श्रद्धा भक्ति को
सब पहचान गये
श्रृंगवेरपुर अमर हुआ
इतिहास बताता है।

●●

वन फूले घर-आँगन फूले

वन फूले
घर-आँगन फूले,
फूले फूल कछार के,
गाँव हमारे दर्पण जैसे
खुशियों के त्योहार के।

दूध-दही नैनू से चेहरे
चेहरे गोरे ताल से,
दुहरी-तिहरी हँसी झूलती
फूली-फूली डाल से,
नयी उमर के गहने जैसे
सौ-सौ गीत बहार के।

सोनचिरैया दिनभर डोले
आँगन में गलियारे में,
रस छलके बातों में, चमके
बर्तन खुले ओसारे में
नयी उमंगें, नयी तरंगें
पंख लगे हैं प्यार के।

क्या कहना बैलों की जोड़ी
पुरखों का वरदान है,
मीठा–मीठा दूध गाय का
धरम–करम ईमान है,
साँझ–सबेरे पाहुन जैसे
गौरव बन्दनवार के।

बहनें हैं पुरवाई जैसी
भाई जैसे बाग हैं
आँचल में पूजा की थाली
बरगद कुआँ सुहाग हैं
अम्माँ बाबू कुल की शोभा
तीरथ हैं घर–द्वार के।

●●

मारकीन का कुरता

मारकीन का कुरता
कैसा
कसा-कसा है देह में,
भीतर-भीतर
जैसे कोई
ताल धँसा है देह में।

ठौर-ठौर के रंग समाये
किसिम-किसिम के फूल हैं,
हल्की-गहरी छुवन समेटे
नाव, नदी के कूल हैं
जब से
आँखें चार हुईं
भरपूर नशा है देह में।

हल्दी-उबटन रोली चन्दन
मंगल मधुर प्रतीक हैं,
बस्ती की बातों से लगता
अच्छे दिन नजदीक हैं
गीत तैरता
साँसों में
त्योहार बसा है देह में।

●●

बार–बार मौसम ये

बार–बार मौसम ये
सीटियाँ बजाये,
आवारा मन जैसे
भाग–भाग जाये।

आमों के बौर हमें छू रहे बबूल से
चिनगारी फूट रही टेसू के फूल से
गीतों के आस–पास
और नशा छाये।

परदेसी प्यार कहीं भूला है फाग में
बैरिन ये बाँसुरी घी जैसे आग में
फागुन की शोख हँसी
बिजलियाँ गिराये।

सरसों के खेत और फागुनी झकोरे
आँखों में रोप गये वासन्ती डोरे
छाँह गुदगुदाये हवा
गीत गुनगुनाये।
दिन पर दिन शोख हुए चाँद के इरादे
घाटी की शाम आज बात तो करा दे
रह रहकर आग बुझी
सुलग सुलग जाये।

••

चैती सम्बन्धों के

चैती सम्बन्धों के दोने भर चाँदनी
आँगन की लाज रखो सोने भर चाँदनी।

मौसम की बात करो
बात करो चैत की,
महुवे की छाँह और
ऊँघते करैत की
अँजुरी में आओ! मुँह धोने भर चाँदनी
वासन्ती शीशियाँ डूबोने भर चाँदनी।

बाँहों में बाँधना
निगाहों में बाँधना
आग के समन्दर को
राहों में बाँधना
बँद-बूँद बरसो, रस ढोने भर चाँदनी
पोर-पोर जिन्दगी भिगोने भर चाँदनी।

डालों की पुरवाई
ताल में उतारना

घाटी का धूल भरा
आईना पखारना
रात-रात मुस्काओ कोने भर चाँदनी
कम से कम एक गीत होने भर चाँदनी।

••

चैत के दिन आ गये

चैत के दिन आ गये
खलिहान के दिन आ गये,
खेत पीले हो गये,
अरमान के दिन आ गये।

ताल की ठण्डी हवाएँ
और सिहरन भोर की
बात लेकर आ गयीं
कुछ ओर की कुछ छोर की
शब्द गालों में भरे,
मुस्कान के दिन आ गये।

फूल महुवे के मिले
बोले टिकोरे आम के
घर के बाहर आ गये हैं
गीत चारों धाम के,
सर्दियाँ ठहरी नहीं
प्रस्थान के दिन आ गये।

धूप गरमाने लगी
खुलकर पसीना आ गया
आँखें भरी हैं धूल से
कैसा महीना आ गया,
आ गये चारों तरफ
बीरान के दिन आ गये।

छाँह ने जादू किया
अलसा गया मन देखिये
नींद के रंग में स्वयं
गहरा गया मन देखिये
भीड़ में आँखें बिछीं
मेहमान के दिन आ गये।

••

सियाराम

सियाराम का मन रमता है नाती पोतों में
नहीं भागता मेले ठेले बागों खेतों में
बच्चों के संग सियाराम भी सोते जगते हैं
बच्चों में रहते हैं हरदम बच्चे लगते हैं
टाफी खाते, बिस्कुट खाते ठण्डा पीते हैं
टी.वी. के चैनल से ज्यादा चैनल जीते हैं
घोड़ा बनते इंजन बनते गाल फुलाते हैं
गुब्बारे में हवा फूँकते और उड़ाते हैं
सियाराम की दिन भर की दिनचर्या बदल गयी
नहीं कचहरी की चिन्ता बस आयी निकल गयी
चश्में का शीशा फूटा औ छतरी टूट गयी
भूल गये भगवान सुबह की पूजा छूट गयी।

●●

बाढ़

आयी नदी गाँव में अबकी डटी रही पखवारे भर,
दुनिया भर से अपनी बस्ती कटी रही पखवारे भर,
घड़ी पहर भी झड़ी न टूटी लगी रही पखवारे भर
सूरज के सँग धूप भी जैसे भगी रही पखवारे भर
तीज पर्व में मजा न आया, आग लगी गुड़धानी में
पुरखों की जो रहा निशानी बैठ गया घर पानी में
इतना पानी चढ़ा कि उलटी बही गाँव में धारा भी
पकड़ी गयी सरीहन चोरी पकड़ा गया छिनारा भी
मरे पचासों बहे सैकड़ों कम हो गये मवेशी कितने
स्टीमर से बाढ़ देखने आये गये विदेशी कितने
चीफ मिनिस्टर ऊपर-ऊपर बाढ़ देखकर चले गये
बाढ़ पीड़ितों में कागज की नाव फेंककर चले गये
गयी नाव में माचिस लेने लौटी नहीं दुलारी घर
गाँव बहुत गुस्सा है तब से बाढ़ शिविर अधिकारी पर

••

महतो

आज सुबह से
भाव बढ़ा है,
महतो की दालान का
महतो जी अब काम करेंगे
जन-जन के कल्यान का।

ये भी आये वो भी आये
माथे रोली तिलक लगाये
महतो को माला पहनाये
गले मिले बोले बतियाये
फूले नही समाते महतो
रँग देखो मुस्कान का।

महतो हैं कल्पना लोक में
नोट की गड्डी जहाँ थोक में
आना-जाना जीप कार से
सुख ही सुख है हर प्रकार से
आज जहाँ है टाट का पर्दा
कल होगा नैलान का।

हँसी ठिठोली खीस निपोरी
इनकी उनकी सधी टिकोरी
सब कुछ महतो बूझ रहे हैं
फिर भी सबसे पूछ रहे हैं
ट्रान्सफार्मर डी एम का हो
या पहले कप्तान का।

खूनी कातिल चोर लफंगे
हर हर गंगे हर हर गंगे
गूँज रही महतो की जै जै
महतो में बहुतों की जै जै
दिशाशूल में बना रहेगा
प्रावधान प्रस्थान का।

••

तब से कितना फर्क पड़ा है

तब से
कितना फर्क पड़ा है,
आज उजाले में।
जीना सीख रही है दुनिया
सौ सौ ताले में।

सब के सब
शामिल हैं जी
कोरी लफ्फाजी में,
कोरी लफ्फाजी में शामिल हैं
नारे बाजी में,
पुरखे सागर लाँघे,
वंशज डूबे नाले में।

सीधे–सादे
भोले–भाले भी
रंगीन हुए
मूल्य और आदर्श
आज

कौड़ी के तीन हुए
मकड़ी जैसे
उलझ गये
अपने ही जाले में।

ना अब
वैसे लोग रहे, औ
ना वह देश रहा,
अपना उल्लू
सीधा करना ही
अब शेष रहा
जाने
क्या क्या मिला हुआ है
गरम मसाले में

●●

कुछ भी बदला नहीं फलाने!

कुछ भी बदला नहीं फलाने!
सब जैसा का तैसा है,
सब कुछ पूछो यह मत पूछो
आम आदमी कैसा है।

क्या सचिवालय क्या न्यायालय
सबका वही रवैया है,
बाबू बड़ा न भैय्या प्यारे
सबसे बड़ा रुपैय्या है
पब्लिक जैसे हरी फसल है
शासन भूखा भैंसा है।

मन्त्री के पी.ए. का नक्शा
मन्त्री से भी हाई है,
बिना कमीशन काम न होता
उसकी यही कमाई है
रुक जाता है कहकर फौरन
देखो भाई ऐसा है।

मन माफिक सुविधाएँ पाते
हैं अपराधी जेलों में,
कागज पर जेलों में रहते
खेल दिखाते मेलों में
जैसे रोज चढ़ावा चढ़ता
इन पर चढ़ता पैसा है।

••

कलरव घर में नहीं रहा

कलरव घर में नहीं रहा
सन्नाटा पसरा है,
सुबह-सुबह ही सूरज का मुँह
उतरा-उतरा है।

पानी ठहरा जहाँ वहाँ पर
पत्थर बहता है,
अपराधी ने देश बचाया
हाकिम कहता है,
हाकिम का भी अपराधी से
रिश्ता गहरा है।

हँसता हूँ जब तुम कबीर की
साखी देते हो,
पैर काटकर लोगों को
बैसाखी देते हो,
दहशत में है आम आदमी
तुमसे खतरा है।

ठगा गया है आम आदमी

आया धोखे में

घर में भूत जमाये डेरा

देव झरोखे में

गूँगों की पंचायत करने वाला

बहरा है।

जैसा तुम बोओगे भाई

वैसा काटोगे,

भैंसे की मन्नत माने हो

भैंसा काटोगे

तेरी बारी है चारी की

तेरा पहरा है।

●●

गौरी ठाकुर गया तिवारी

गौरी ठाकुर गया तिवारी
गाँव मोरैना पोस्ट भिखारी
हँडिया गंगा पार निवासी
सात साल से काशीवासी
काशी में रँग छाँट रहे हैं
जमकर चाँदी काट रहे हैं
हर दल सिर आँखों पर रखता
अदभुत हैं ये खद्दरधारी।

गाड़ी–बँगला पुलिस सन्तरी
मिलने आते मुख्य मंतरी
मुख्य मन्तिरी काम सौंपते
शहर इन्हीं के नाम सौंपते
अपना सिक्का चला रहे हैं
गूलर में गुल खिला रहे हैं
क्या काँटे की साझेदारी
हाथ सेंकते बारी–बारी

पैसा आता घाट–घाट से
दोनों रहते ठाठ–बाट से

ऐसा इनका बूट बैठता
बूट की करवट ऊँट बैठता
फौरन मातम छा जाता है।
शहर सनाका खा जाता है
नेताओं से हिस्सेदारी
पब्लिक से हैं रिश्तेदारी।

ठेके पर काँटा निकालते
शेर और घड़ियाल पालते
राधा इनकी सोनी इनकी
शहर की हर कालोनी इनकी
पुलिस खोजती दूरबीन से
ये चिपके हैं आस्तीन से
दोनों हैं गुण्डा सरकारी
जेब में रखते हैं अधिकारी।

●●

अकेले तुम्हीं सब उड़ाओगे

अकेले तुम्हीं सब उड़ाओगे भाई
कि मेरी तरफ भी बढ़ाओगे भाई।

तुम्हीं पी रहे हो तुम्हीं खा रहे हो
तुम्हीं बाँधकर भी लिये जा रहे हो
कहाँ का नियम है बताओगे भाई।

लपकने में आगे गपकने में आगे
तुम औरों का हिस्सा हड़पने में आगे
कभी हाथ पीछे हटाओगे भाई।

तुम्हीं छाँटते हो, तुम्हीं बाँटते हो
कोई जोते बोये तुम्हीं काटते हो
मुझे भी ये विद्या सिखाओगे भाई।

तुम्हारा ही स्वागत तुम्हारा ही वन्दन
है माला के आगे तुम्हारी ही गर्दन
यूँ कब तक तुम बुद्धू बनाओगे भाई।

दिखाओ जरा पेट देखूँ तो क्या क्या
बप्पा रे बप्पा! दइया री दइया!
अब क्या खाके ये सब पचाओगे भाई।

बहुत हो चुका अब नहीं मैं सहूँगा
कहूँगा कहूँगा कहूँगा कहूँगा
कहाँ तक मुझे तुम दबाओगे भाई।

●●

स्वयं विचरते रहे सदा

स्वयं बिचरते रहे सदा
स्वच्छन्द दिशाओं में,
हम सब को उलझाये रक्खा
नीति कथाओ में।

हर पीढ़ी में छले गये हम
गुरुओं-प्रभुओं से
जीये भी तो इनके ही खूँटे पर
पशुओं से,
घुट-घुट कर रह गयी
हमारी चीख
गुफाओं में।

इन्हीं महन्तों सन्तों ने
कठघरा बनाया है,
पाप पुण्य और स्वर्ग नरक
इनकी ही माया है,
अपने रहते प्रावधान से
ये धाराओ में।

हम होते हैं हवन और
ये होता होते हैं,
कान फूँकते जहाँ वहाँ
हम श्रोता होते हैं
जनम जनम
यजमान सरीखे हम
अध्यायो में।

जैसे गोरे वैसे काले
कोई फर्क नहीं,
सुनते जाओ करते जाओ
तर्क वितक नहीं,
कमी नहीं बर्दाश्त
इन्हें अपनी
सुविधाओं में।

●●

सौ में दस की भरी तिजोरी

सौ में दस की भरी तिजोरी
नब्बे खाली पेट
झुग्गी वाला देख रहा है,
साठ लाख का गेट।

बहुत बुरा है आज देश में
प्रजातन्त्र का हाल
कुत्ते खींच रहे हैं देखो
कामधेनु की खाल
हत्या–रेप–
डकैती–दंगा
हर धन्धे का रेट।

बिकती है नौकरी यहाँ पर
बिकता है सम्मान,
आँख मूँदकर उसी घाट पर
भाग रहे यजमान
जाली वीजा
पासपोर्ट है
जाली सर्टिफिकेट।

लोग देश में खेल रहे हैं
कैसे कैसे खेल,
एक हाथ में खुला लाइटर
एक हाथ में तेल
चाहें तो
मिनटों में कर दें
सब कुछ मटियामेट।

अन्धी है सरकार व्यवस्था
अन्धा है कानून
कुर्सी वाला देश बेचता
रिक्शे वाला खून
जिसकी उँगली
है रिमोट पर
वो है सबसे ग्रेट।

••

चारों ओर तबाही है

जैसी नेतागीरी है जी
वैसी अफसर शाही है,
सिर्फ झूठ की पैठ सदन में
सच के लिए मनाही है
चारों ओर तबाही भइया
चारों ओर तबाही है।

संविधान की ऐसी तैसी
करने वाला नायक है,
बलात्कार अपहरण डकैती
सब में दक्ष विधायक है,
चोर वहाँ का राजा है
सहयोगी जहाँ सिपाही है।

जो कपास की खेती करता
उसके पास लँगोटी है
उतन महँगा जहर नहीं है
जितनी महँगी रोटी है
लाखों टन सड़ता अनाज है
किसकी लापरवाही है।

पैरों की जूती है जनता
जनता की परवाह नहीं
जनता भी क्या करे बिचारी,
उसके आगे राह नहीं
बेटा है बेकार पड़ा है
बिटिया है अनब्याही है।

जैसी होती है तैयारी
वैसी ही तैयारी है,
तैयारी से लगता है,
जल्दी चुनाव की बारी है
सन्तों में मुल्लाओं में
भक्तों की आवाजाही है।

●●

देख करके बौर वाली

देख करके बौर वाली
आम की टहनी,
तन गये घुटने कि जैसे
खुल गयी कुहनी।

धूप बतियाती हवा से,
रंग बतियाते,
फूल पत्तों के ठहाके
दूर तक जाते,
छू गयी चुटकी
हँसी की
हो गयी बोहनी।

पीठ पर बस्ता लिये
विद्या कसम खाते,
जा रहे स्कूल बच्चे
शब्द खनकाते,

इस तरह
सब रम गये हैं
सुध नहीं अपनी।

राग में डूबी दिशाएँ
रंग में डूबी
हाथ आयी जिन्दगी के
संग में डूबी

कल
उतरने जा रही है
खेत में कटनी।

●●

ममता से करुणा से

ममता से करुणा से
नेह से दुलार से,
घाव जहाँ भी देखो
सहलाओ प्यार से।

नारों से भरो नहीं
भरो नहीं वादों से
अन्तराल भरो सदा
गीतों संवादों से
हो जायेंगे
पठार
शर्तिया कछार से।

भटके ना राहगीर कोई
अँधियारे में,
दीये की तरह जलो
घर के गलियारे में
लड़ो
आर-पार की लड़ाई
अन्धकार से।

हाथ बनो, पैर बनो
राह बनो जंगल में
लहरो में नाव बनो
सेतु बनो दलदल में
प्यासों की
प्यास हरो
पानी की धार से।

●●

तुमने छुआ, जगा मन मेरा

तुमने छुआ, जगा मन मेरा
सच कहता हूँ मैं
मेरा तो अब हुआ सवेरा
सच कहता हूँ मैं।

काया पलट गयी मेरी
दिनचर्या बदल गयी
जैसे कोई फाँस फँसी थी
खुद ही निकल गयी,
खूब मिला तू
रैन बसेरा,
सच कहता हूँ मैं।

सारी उलझन सुलझ गयी है,
तेरे दर्शन से,
मेरे मन में समा गया तू
मन के दर्पण से,
मैं हूँ
तेरा साँप सँपेरा!
सच कहता हूँ मैं।

आधा तीहा नहीं रहा मैं
पूरमपूर हुआ
जैसा बाहर वैसा भीतर
मैं भरपूर हुआ
हुई रोशनी
छँटा अँधेरा
सच कहता हूँ मैं।

••

कविता मेरी जीवन शैली

आलम्बन आधार यही है
　　　　यही सहारा है,
कविता मेरी जीवन शैली
　　　　जीवन धारा है।

यही ओढ़ता यही बिछाता
　　　　यही पहनता हूँ
सबका है वह दर्द जिसे मैं
　　　　अपना कहता हूँ
　　　　देखो ना
　　　　तन लहर–लहर
　　　　मन पारा–पारा है।

पानी सा मैं बहता–बढ़ता
　　　　रुकता मुड़ता हूँ
उत्सव सा अपनों से जुड़ता
　　　　और बिछुड़ता हूँ
　　　　उत्सव ही है
　　　　राग हमारा
　　　　प्राण हमारा है।

नाता मेरा धूप छाँह से,
घाटी टीलों से,
मिलने ही निकला हूँ घर से,
पर्वत झीलों से
बिना नाव पतवार
धार में,
दूर किनारा है।

••

डूब रहा दिन

डूब रहा दिन
वन में बछड़ा
गायें हेर रहीं
गाँव गली में बेटा-बेटी
मायें हेर रहीं।
धीरे-धीरे समा रहा दिन
काले घेरे में,
सँझवाती टिमटिमा रही है
घने अँधेरे में
पता नहीं क्या झुककर
सभी दिशाएँ
हेर रहीं।

कलरव डूब गया सारा
कोलाहल डूब गया
सूने तट पर बैठा बैठा
कोई ऊब गया
ठण्डे जल का सोता
गर्म हवाएँ
हेर रहीं।

सूनी होती रहा और
सन्नाटा फैल रहा,
भींग गयी हैं आँखें फिर भी
काजल नहीं बहा
उत्सव जैसा सहचर
ललित कलाएँ
हेर रहीं।

●●

जितना रंग भरता है

जितना रंग भरता है
फागुनी चितेरा,
उतना ही खुलता है
रंगों का घेरा।

गेरू की भीत खिले
हल्दी के टीके
कोहबर की पूजा में
दीप जले घी के
आँखों में
रात कटी
छू गया सवेरा।

चन्दन से माथे पर
नेह की हथेली
अलसायी अलसायी
देह से चमेली
सूने में बंजारा
डाल गया
डेरा।

ताप भरे ताल नदी
आँच भरी बातें
फागुन के दिन लौटे
फागुन की रातें
कन्धे पर
जाल लिये
सोचता मछेरा।

●●

याद किसी की मेरे सँग

याद किसी की मेरे सँग
वैसी ही रहती है,
जैसे कोई नदी किले से
सटकर बहती है।

क्या सावन क्या फागुन
मौसम आते जाते हैं
कभी हँसाते हैं खुलकर तो
कभी रुलाते हैं
हरी दूब सी काया मेरी
सब कुछ सहती है।

जीता हूँ त्योहार, पर्व, मैं,
उत्सव जीता हूँ
दुनियाभर की कड़वाहट मैं
हँसकर पीता हूँ
मेरे मन की
कथा व्यथा यह
घाटी कहती है।

मेरे भीतर हरदम उसकी
हँसी खनकती है,
उसकी ही खुश्बू मेरी
साँसो में छनती है,
मैं दहता हूँ
सँग सँग मेरे
वह भी दहती है।

••

अब मत जाल ताल में फेंक

अब मत जाल ताल में फेंक
डूब रहे सूरज को देख
लौट रहे घर पंछी अपने
तू भी घर को लौट मछेरे
तू भी घर को लौट
तूने बहुत उड़ायी मौज मछेरे
बहुत उड़ायी मौज।

आँख गड़ाया, दाँत लगाया
हरकत से तू बाज न आया
दृष्टि न बदली सोच न बदली
क्या क्या तूने नहीं गँवाया
काम न आयी नाकेबन्दी
काम न आयी फौज मछेरे।

देखा छुआ बराया बीछा
कागज पत्थर लकड़ी शीशा
सदा रहा सीमा से बाहर
कभी न सोचा आगा-पीछा
चला दौर पर दौर बराबर
लगी छौंक पर छौंक मछेरे।

खूब बटोरा खूब समेटा
अब तो खोल कमर का फेंटा
सिरहाने पैताने बैठे
घड़ी देखते बेटी बेटा
तेरा पहरा नहीं रहा तू
घर की चाबी सौंप मछेरे।

●●

नौरंगिया गंगा पार की

देवी देवता नहीं मानती
छक्का पंजा नहीं जानती
ताकतवर से लोहा लेती
अपने बूते करती खेती
मरद निखट्टू जनखा जोइला
लाल न होता ऐसा कोयला
उसको भी वह शान से जीती
सँग सँग खाती सँग सँग पीती
गाँव गली की चर्चा में वह
सुर्खी सी अखबार की है
नौरंगिया गंगा पार की है।

कसी देह औ भरी जवानी
शीशे के साँचे में पानी
सिहरन पहने हुए अमोले
काला भँवरा मुँह पर डोले
सौ सौ पानी रंग धुले हैं
कहने को कुछ होंठ खुले हैं
अद्भुत है ईश्वर की रचना
सबसे बड़ी चुनौती बचना
जैसी नीयत लेखपाल की
वैसी ठेकेदार की है।

जब देखो तब जाँगर पीटे
हार न माने काम घसीटे
जब तक जागे तब तक भागे
काम के पीछे काम के आगे
बिच्छू गोजर साँप मारती
सुनती रहती विविध भारती
बिल्कुल है लाठी सी सीधी
भोला चेहरा बोली मीठी
        आँखों में जीवन के सपने
        तैयारी त्योहार की है।

ढहती भीत पुरानी छाजन
पकी फसल तो खड़े महाजन
गिरवी गहना छुड़ा न पाती
मन मसोस फिर फिर रह जाती
कब तक आखिर कितना जूझे
कौन बताये किससे पूछे
जाने क्या क्या टूटा फूटा
लेकिन हँसना कभी न छूटा
        पैरों में मँगनी की चप्पल
        साड़ी नयी उधार की है।

●●

नया वर्ष है, नया राग है

नया वर्ष है,
नया राग है
नया तराना है,
एक साथ आवाज मिलाकर
सबको गाना है।

दृष्टि नयी, संकल्प नये हैं
नयी दिशाएँ हैं
उड़ती हुई तितलियों के रंग
रँगी हवाएँ हैं
कल पर कोई
काम न छूटे
हाथ बढ़ाना है।

रंगों से भरना है जीवन
भरना रागों से
आँधी में भी जीना होगा
हमें चिरागों से

पतझर में
फूलों सा खिलना
औ मुस्काना है।

सारी दुनिया घर है अपना
यही बताना है,
पुरखों का सन्देश हमें
घर–घर पहुँचाना है
नये साल को
नये पर्व सा
हमें मनाना है।

●●

राग दीवाली

चलो आज घर–घर दिया हम जलायें
दिया हम जलायें अँधेरा भगायें
अँधेरा भगायें दीवाली मनायें
हँसें मुस्करायें औ खायें खिलायें।

दिलों में घरों में है पैठा अँधेरा
है अजगर सा मुँह बाये बैठा अँधेरा
खड़ा है किनारे किनारे अँधेरा
यूँ चारों तरफ है हमारे अँधेरा
ये सच है जहाँ भी अँधेरा रहेगा
वहाँ उल्लुओं का बसेरा रहेगा
अँधेरा दिनों दिन घना हो रहा है
अँधेरे का मारा दिया रो रहा है।

अँधेरे में हत्या अँधेरे में चोरी
अँधेरे में खुलती औ भरती तिजोरी
जुआरी अँधेरा शराबी अँधेरा
यहाँ रोशनी पर है हावी अँधेरा
अँधेरे के करतब निराले हैं भाई

दिवाली से ज्यादा दिवाले हैं भाई
अँधेरे के तेवर कलेवर तो देखो
चमकते हुए नकली जेवर तो देखो।

घरों दफ्तरों बंकरों में अँधेरा
छुपा आज है रहबरों में अँधेरा
यही चेम्बरों मेम्बरों मिस्टरों में
ये पूजा घरों में है जलसाघरों में
अँधेरा खटाई मिठाई में शामिल
बिना पानी साबुन सफाई में शामिल
ये फर्जी पढ़ाई लिखाई में शामिल
ये विज्ञापनों की कमाई में शामिल

अँधेरे को ऐसी सुरक्षा मिली है
जिसे देखकर सारी धरती हिली है
हमें ये अँधेरा भगाना है भाई
जो सोये हैं उनको जगाना है भाई
डरो मत उठो और बीड़ा उठाओ
अँधेरा भगाने का मन तो बनाओ
अँधेरे को माचिस की तीली दिखाओ
अँधेरा भागेगा दिया तो जलाओ
अँधेरे पे जब रोशनी होगी भारी
तभी होगी असली दिवाली हमारी

●●

आयेगा ऐसा अवसर आयेगा

आयेगा आयेगा
ऐसा अवसर आयेगा
टूटेगा सन्नाटा
कोई स्वर गुहरायेगा।

नहीं रहेगा यहाँ अँधेरा
सूरज उतरेगा
इस जमीन पर दूर दूर तक
जीवन विचरेगा
फूटेगी जलधार और
सागर लहरायेगा

गूँगा नहीं रहेगा कोई
खुलकर बोलेगा
लिये हाथ में हाथ भीड़ का
उत्सव डोलेगा
यहाँ पसीना टपकेगा
ऊसर हरियायेगा।

पायेगी विस्तार जिन्दगी
घाटी जागेगी
घाटी जागेगी घाटी की
माटी जागेगी
सदियों से
चुप रहा हिमालय
मंगल गायेगा।

●●

मुन्ना

बात कही जाती है कैसे
कहना सीखो मुन्ना
संविधान की धाराओं में
रहना सीखो मुन्ना।

संस्कार होता है जीवन
जीना पड़ता है
कड़वा और कसैला सब कुछ
पीना पड़ता है,
डरकर भागो नहीं चलो तुम
बदलो अपने को
निश्चय ही आकार मिलेगा
टूटे सपने को
क्या पानी क्या आग
सहन सा
सहना सीखो मुन्ना।

मन का चोर स्वयं भागेगा
मुँह तो खोलो तुम

आँखों के दर्पण में झाँको
मन से बोलो तुम
भरा–भरा मन खुलता है तो
हल्का होता है।

बैठा बैठा कन्धे पर सिर
रखकर सोता है
बच्चे की कश्ती सा
जल में
बहना सीखो मुन्ना।

●●

फूली सरसों की परछाईं

फूली सरसों की परछाईं
छूती है कचनार से,
जैसे कोई पीठ फेरकर
बतियाता है प्यार से।

मौसम जितना खिला खुला है
मन उतना ही धुला धुला है
आँखों में भी रंग घुला है
साँसों में भी रंग घुला है
कन्धे पर है
बाँह किसी की
राम कसम अधिकार से।

उत्सव से है भरी फगुनहट
करती है मसखरी फगुनहट
सुनता हूँ सबकी तू सुनती
मेरी भी सुन अरी फगुनहट
तेरा पंछी
फिर आया है
सात समन्दर पार से।

बौर आम के महके महके
टेसू के वन दहके दहके
क्या होगा जी मई जून में
काले हिरन अभी से बहके
आने लगी
शिकायत फिर फिर
फागुन लदे कछार से।

••

कौन है जो याद करता

कौन है जो
याद करता
इस तरह उपहार से
आ रही ठण्डी हवाएँ
आज सागर पार से।

भीतर रो मन खिला हुआ है
मौसम का रंग मिला हुआ है
मैं
लबालब भर उठा हूँ
इस तरह आभार से।

शुभ सूचक मंगल की चर्चा
कलरव में कल कल की चर्चा
दे रहा दस्तक
कहीं कोई
बड़े अधिकार से।

टहनी पर किसलय की थिरकन
थिरकन से लिपटी है सिहरन
पूरी तरह
अभिभूत है वातावरण
उद्‌गार से।

●●

भूमिकाएँ

सीली माचिस की तीलियाँ

जोड़ा ताल

सिर पर आग

कविता लौट पड़ी

सीली माचिस की तीलियाँ

पाठकों से निवेदन

यह मेरा पहला कविता-संग्रह है। ये कविताएँ सन् बहत्तर से लेकर जुलाई, सन् चौरासी के बीच लिखी गयी हैं। ज्यादातर कविताएँ प्रतिबद्ध मन से लिखी गयी हैं। 'प्रतिबद्ध' शब्द मैं जान-बूझकर इस्तेमाल कर रहा हूँ। वह इसलिए कि हास्य-व्यंग्य के नाम पर हिन्दी में ज्यादातर फूहड़ और अश्लील कविताएँ लिखी गयी हैं और लिखी जा रही हैं। इससे न सिर्फ हिन्दी-कविता की छवि धूमिल हुई है, बल्कि श्रोताओं और पाठकों की स्वस्थ मानसिकता भी कुत्सित प्रयोगों का शिकार हुई है। यही कारण है कि मंचीय कवि दो नम्बर के कवि गिने जाते हैं। मुझे यह सब देख-सुनकर बड़ी तकलीफ हुई। मैंने निर्णय लिया कि इस लकीर को छोटा साबित करना चाहिए। और मैंने तथाकथित भाँड़ों-चारणों और नौटंकी के जोकर की हैसियतवाले कवियों के बीच मानवीय संवेदनाओं, अनुभूतियों, सामाजिक और राजनीतिक विसंगतियों को स्वस्थ-सुन्दर और आकर्षक ढंग से स्थापित करने का एक छोटा-सा प्रयास शुरू किया। मित्रों ने इस प्रयास को हाथों-हाथ लिया, तारीफ की और छोटी-बड़ी गोष्ठियों में इन कविताओं को बहस का विषय भी बनाया। मैंने चुटकुलों को कविता का विषय नहीं बनाया। इसलिए कि केवल मंच मेरा लक्ष्य कभी नहीं रहा है। इतना जरूर है कि तालाब की सफाई के लिए मुझे कीचड़ में उतरना पड़ा है। बिना उतरे यह सम्भव भी तो नहीं था।

दूसरी बात मुझे इन कविताओं की भाषा के बारे में कहनी है। इनकी भाषा सीधी, सपाट और बोलचाल की भाषा है। वह भाषा जिसे छात्र, अध्यापक, मजदूर, वकील, डॉक्टर, इंजीनियर, किसान और व्यापारी यानी हिन्दुस्तान का आम आदमी बोलता है। भोजपुरी और अवधी के ठेठ मुहावरे जहाँ बहुतायत से मिलेंगे, वहीं अंग्रेजी और संस्कृत के शब्द भी छिटपुट और इक्का-दुक्का ही सही, लेकिन सहज और सार्थक रूप से जुड़े हुए मिलेंगे। ऐसे मुहावरों, लोकोक्तियों और शब्दों का प्रयोग अनायास हुआ है, सायास नहीं। कविताएँ आम आदमी के लिए लिखी गयी हैं। इसलिए भाषा भी आम आदमी की ही है। कहीं भी हमारे किसी पाठक को शब्दकोश खोजने की जरूरत नहीं पड़ेगी। जो भाषा मैं खाते-पीते, उठते-बैठते यार-दोस्तों में बोलता हूँ, वही भाषा मैं लेखन में भी इस्तेमाल करता हूँ। दुहरी भाषा न मैं जीता हूँ, न मुझे पसन्द है। ठेठ गाँव का रहनेवाला हूँ, आरोपित जिन्दगी जीना मेरे बूते के बाहर है।

एक बात और, इस संकलन की लगभग सभी कविताएँ हिन्दी की प्रमुख पत्र-पत्रिकाओं में छप चुकी हैं। और हमारे सुरुचिसम्पन्न पाठकों ने इन्हें खूब सराहा है। इसके लिए मैं

'धर्मयुग', 'कोशा', 'संक्रान्ति', 'नये-पुराने', 'आज', 'अमृत प्रभात', 'जागरण', 'मधुप्रिया' और 'ज्ञानवापी' परिवार के प्रति विशेष आभारी हूँ। से कविताएँ कवि-सम्मेलनों में भी बड़े शौक से सुनी जाती हैं। मैं अपने उन तमाम विवेकशील श्रोताओं के प्रति भी आभारी हूँ, जिन्होंने इन्हें मन से सुना है और खुलकर सराहा है। अहिन्दी भाषा-भाषी इलाकों में भी ये कविताएँ बड़े सहज और सरस वातावरण में सुनी-सराही गयी हैं। 'अफसोस यही है' कविता से प्रभावित होकर स्व. गोपेश भैया ने रूसी भाषा में इसका अनुवाद भी किया है। इलाहाबादी पारिवारिक गोष्ठियों में अक्सर गोपेश जी पीठ ठोंकते और मुस्कुराते हुए बोल पड़ते थे 'हाँ प्यारे! अब लगे हाथ वो बताशे वाली भी हो जाये।' मैं गोपेश जी के उस निश्छल स्नेह के प्रति मन से कृतज्ञ हूँ। गोपेश जी से मिलवाया था स्व. उमाकान्त मालवीय ने। मालवीय जी में एक कमजोरी थी। अच्छी रचना को, जब तक वह दस-बीस लोगों को सुनवा नहीं लेते थे, तब तक उन्हें चैन नहीं मिलता था। आज वैसी कमजोर मानसिकता का एक भी स्नेही कवि हमारे आस-पास नहीं है। मेरी कविताओं का संकलन देखने की उनकी बड़ी इच्छा थी, लेकिन अफसोस...। यह भी कैसी विडम्बना है कि जब उमाकान्त जी थे, तब शिवकुमार सहाय जी से जुड़ा नहीं था, और जब शिवकुमार जी से जुड़ा, तो मालवीय जी नहीं रहे। संकलन देखकर सचमुच उन्हें प्रसन्नता होती ऐसा मुझे विश्वास है। रात में चाण्डाल चौकड़ी (जगन्नाथ सहाय वर्मा, अमरनाथ श्रीवास्तव, उमाकान्त मालवीय, ओ.पी. भार्गव और दया सरन सिन्हा) की बैठकी भी भार्गव साहब के घर पर होती। अब अगर बैठकी होगी भी, तो उस आदमी की कमी बनी ही रहेगी। हमेशा-हमेशा के लिए वह कोना खाली रहेगा। सन् बहत्तर से लेकर छिहत्तर के बीच की लिखी गयी कविताओं के साक्षी और प्रेरणास्रोत रहे हैं, डॉ. अशोक शर्मा, प्रवक्ता, हिन्दी विभाग, धर्म समाज डिग्री कॉलेज, अलीगढ़। जब कोयले के अभाव में नयी-पुरानी चिट्ठियाँ जलाकर रात में रोटियाँ बनती थीं, फिर दिनभर की लिखी कविताएँ सुनी-सुनायी जाती थीं। उस कड़की में भी हम दोनों एक दूसरे के सहयोगी और सहभागी बनते थे, उन दिनों अशोक पढ़ रहा था। आज जब ये कविताएँ संकलित हो रही हैं, तो बरबस दारागंज और बहादुरगंज के मकान (अपने नहीं किरायेवाले) आँखों में घूम-घूम जाते हैं और कानों में गूँजने लगते हैं, घर की सीढ़ियाँ चढ़ते अशोक के शब्द, "क्यों बे! कुछ बनाये-वनाये हो कि आज भी कविता ही लिखते रह गये?" सचमुच उन दिनों का और अशोक का मैं बहुत-बहुत आभारी हूँ।

इस संकलन की कविताएँ पत्र-पत्रिकाओं में ही छपकर रह गयी होतीं, लेकिन मैं हार गया अपने जिद्दी और अड़ियल मित्र डॉ. अशोक त्रिपाठी से। उन्होंने अन्ततः मुझसे यह काम करवा ही लिया। क्योंकि हिन्दी प्रकाशकों के विषय में मेरी कोई बहुत अच्छी धारणा नहीं रही है–सिर्फ उनकी व्यावसायिक मानसिकता और साहित्यकार को बँधुआ, भुक्खड़ और अपना दरबारी बनाये रखनेवाली कुत्सित मनोवृत्ति के कारण। लेकिन शिवकुमार सहाय जी से मिलकर लंका में विभीषण की पहचान बनी। और मैं अशोक की जिद्द का लोहा मान गया। कोंच-कोंचकर सोते से जगा-जगाकर इसकी पाण्डुलिपि तैयार करायी गयी। मैं जितना शिवकुमार सहाय का आभारी हूँ, उतना ही डॉ. अशोक त्रिपाठी का। क्योंकि जब अशोक ने संकलन छपाने की बात की तो मैंने कहा 'यार! क्या होगा छपाकर। पत्नी कहती हैं मैंने कविता लिखकर गलत किया। अब और ज्यादा गलत नहीं होना चाहता।' दुर्भाग्य से पत्नी वहीं बैठी थीं। अशोक ने बड़े तपाक से कहा 'सो तो ठीक ही हैं गौतम जी! लेकिन अब

छपाकर उसका प्रायश्चित्त भी कर लीजिये।' अतः मेरे पाठक बन्धुओ! यह वही प्रायश्चित्त है। वैसे एक बात आप अपने तक ही रखियेगा, किसी से कहियेगा नहीं। मैं फिर गलती करूँगा और फिर प्रायश्चित्त करूँगा। यह इसलिए लिखकर दे रहा हूँ, ताकि सनद रहे और वक्त-जरूरत पर काम आये। अगर यह संकलन हमारे स्नेही पाठकों की आलोचना का विषय बन सका, तो मैं इसे अपना अहोभाग्य समझूँगा।

आकाशवाणी केन्द्र, इलाहाबाद —कैलाश गौतम
स्वाधीनता दिवस, 1984 ईसवी

••

जोड़ा ताल

सत्य कहौं लिखि कागद कोरे

आज 'जोड़ा ताल' आप सबके हाथों सौंपते हुए मुझे सचमुच बहुत अच्छा लग रहा है। यह संकलन और पहले आ जाना चाहिए था लेकिन ऐसा नहीं हो सका। इस सन्दर्भ में इतना जरूर कहना चाहूँगा कि अगर मेरे रचनाकार मित्र बुद्धिनाथ मिश्र और माहेश्वर तिवारी मेरे पीछे हाथ धोकर न पड़ गये होते तो शायद यह सब लिखने की नौबत आयी भी नहीं होती। क्योंकि पाण्डुलिपि तैयार करना ही मेरे लिये समस्या थी। उस काम में भी मेरे बच्चों के साथ-साथ इन मित्रों ने भी समय दिया और हाथ बँटाया। बहुतेरी रचनाएँ इधर-उधर बिखरी पड़ी थीं। पुरानी डायरियों और प्रकाशित पत्र-पत्रिकाओं की कटिंगों से बीछने और चुनने में भी इन लोगों ने भरपूर समय दिया।

इन्हीं दोनों मित्रों के चलते यह भी संयोग जुड़ा कि 'जोड़ा ताल' की भूमिका लिखने का मन आदरणीय डॉ. धर्मवीर भारती ने बनाया और बड़े सहज भाव से उसे पूरा भी किया। भारती जी के स्वास्थ्य को देखते हुए चाहकर भी मैं साहस नहीं बटोर पा रहा था। उनके प्रति आभार व्यक्त करने के लिए सचमुच मेरे पास शब्द नहीं हैं। अपने सम्पादनकाल में भारती जी ने इस संकलन के बहुत-सारे गीतों को बड़े मन से छापा भी है। यहाँ मैं ठाकुर प्रसाद सिंह, मंगलेश डबराल, विजय किशोर मानव, डॉ. मृणाल पाण्डे, अमरकान्त, ममता कालिया, कन्हैयालाल नन्दन और अमर गोस्वामी के प्रति भी आभार व्यक्त करना चाहूँगा। इन लोगों ने भी 'जोड़ा ताल' के बहुत-से गीतों को समय-समय पर अपने-अपने पत्र-पत्रिकाओं में आकर्षक ढंग से प्रकाशित किया है और सुरुचि सम्पन्न पाठकों से इन रचनाओं को जोड़ा है। गीतों के चयन से लेकर प्रूफ देखने तक हाथ बँटानेवाले जयकृष्ण तुषार और गीतेश्वर ने जो समय और सान्निध्य दिया उसे भला मैं कैसे भूल सकता हूँ।

मित्र मन्दिर, कलकत्ता की वाङ्मय विकास निधि का मैं विशेष आभारी हूँ जिसके सौजन्य और सहयोग से यह संकलन आज इस रूप में दिखायी दे रहा है। यहाँ भी पुल का

कार्य बुद्धिनाथ ने ही किया है। और अब अन्त में आभार व्यक्त करता हूँ आर्य बुक डिपो के स्वामी श्री सुखपाल गुप्त जी के प्रति जिन्होंने 'जोड़ा ताल' छापा है। मुझे विश्वास है कि पाठक 'जोड़ा ताल' अवश्य पढ़ेंगे और गीत की संवेदना से जुड़ेंगे।

पता–
135, एम.आई.जी.
प्रीतमनगर, इलाहाबाद–211001

–कैलाश गौतम

●●

सिर पर आग

मेरी भी कुछ अरज–गरज है

इन कविताओं के सन्दर्भ में मुझे अपने सुरुचिसम्पन्न पाठक बन्धुओं से कुछ विशेष नहीं कहना है। क्योंकि इस संग्रह की लगभग सभी कविताएँ हिन्दी के बहुत-सी प्रतिष्ठित पत्र-पत्रिकाओं के माध्यम से आप सब तक अवश्य पहुँच चुकी हैं। इन्हें आप तक सही ढंग से पहुँचाने में जितना सहज होकर पत्र-पत्रिकाओं ने हाथ बँटाया है, उतना ही उदार होकर कवि-सम्मेलन में मंचों ने भी इन्हें सराहा है। सच पूछिये तो ऐसी सहजता और ऐसी उदारता से ये कविताएँ सिर्फ इसलिए जुड़ पायीं कि इनमें हमारा समग्र जनमानस रचा-बसा है। इनमें व्यक्तिगत कुछ भी नहीं है, जितना है सब समष्टिगत है। ये कविताएँ समाज से प्रभावित होकर समाज के लिए लिखी गयी हैं। जो कुछ मैंने अपने घर-परिवार, पड़ोस और देश-समाज में जिया है, देखा है उसी को ज्यों-का-त्यों आप तक पहुँचाने का प्रयास किया है।

मूलतः गाँव का होने के नाते गाँव को मैंने कई रंगों, कई रूपों, कई आयामों और कई साँचों में टूटते-जुड़ते, बनते-बिगड़ते, रोते-कराहते, गुस्साते, हाथ मलते, किचकिचाते, मुट्ठियाँ भींचते और गिड़गिड़ाते हुए घिघियाते हुए देखा है। गाँव की इस असलियत की ये कविताएँ एक तरह से फोटो साबित होती हैं। मुझे विश्वास है कि अगर आप सब भी ऐसे गाँव की फोटो खींचते तो वैसी ही खींचते जैसी मैंने खींची है। मैंने बिना किसी लाग-लपेट के बात कहने की कोशिश की है।

ये रचनाएँ हमारी सामाजिक, सांस्कृतिक, पारिवारिक और राजनीतिक विसंगतियों से जुड़ी हैं और संघर्ष, तनाव, आक्रोश, क्षोभ की पर्याय हैं। अतः इनमें केवल रचनाकार और रचनाकार का मन ही नहीं बोलता बल्कि पूरा समाज बोलता है। समाज की व्यवस्था बोलती है। व्यवस्था में व्याप्त भ्रष्टाचार, अन्याय, निरंकुशता और अँधेरे का जीता-जागता अलबम है 'सिर पर आग'। जो सिर पर आग लेकर चलता होगा वही इस पीड़ा को जी सकता है, समझ सकता है। एक लम्बे समय से मैं यह आग अपने सिर पर महसूस करता आ रहा हूँ, और किसी न किसी तरह की आग आप सब भी निरन्तर अपने सिर पर महसूस करते होंगे। यही सोचकर मैं आप सबको अपना सही साझीदार भी मानता हूँ। और आभारी हूँ इस उपकार के लिए कि प्रेरणा भी आप से ही मिलती है और सही मार्ग दर्शन भी आप ही से मिलता है यह

मेरा सौभाग्य है। इसलिए मैं आप सबसे विशेष अपील कर रहा हूँ कि 'सिर पर आग' किताब पढ़िये। इसके पढ़ने से सिर दर्द नहीं होगा लेकिन यह तब सम्भव है जब किताब सिरहानें रखियेगा बगल में चश्मे की तरह, सिर के नीचे तकिये की तरह नहीं। क्योंकि किताब का तकिया गँवार लगाता है जो शब्द की संवेदना से कोसों दूर होता है। जबकि संवेदनशील आदमी के लिए किताब और वह भी कविता की; अनिवार्य प्राथमिकता होती है। इस अनिवार्य प्राथमिकता की लाज पाठकों को ही रखनी है।

मेरा जो फर्ज था वह मैंने पूरा किया और विश्वास है कि किताब आप सबको पसन्द आयेगी। वैसे इस सन्दर्भ में मेरे पास एक ऐतिहासिक दस्तावेज भी है जो इस किताब की भूमिका के रूप में प्रस्तुत है। मैं सचमुच आभारी हूँ सुप्रसिद्ध कथाकार और समीक्षक श्री दूधनाथ सिंह जी का जिन्होंने मेरा आग्रह स्वीकार किया और इन कविताओं को अपनी सोच और दृष्टि का विषय बनाया। हाँ, इतना और कहना चाहूँगा कि अपने जीवनकाल में इस संकलन की बड़ी बेसब्री से प्रतीक्षा करनेवाले डॉ. धर्मवीर भारती अब इस संसार में नहीं हैं। उनकी स्मृतियों को प्रणाम करता हूँ और 'सिर पर आग' उन्हीं को सौंप रहा हूँ। बस मुझे सिर्फ इतना ही कहना था...।

—कैलाश गौतम

135, एम.आई.जी. प्रीतमनगर
इलाहाबाद-211001

••

कविता लौट पड़ी

यह आत्मावलोकन के लिए उपयुक्त समय है

भारतीय कविता का आदिम सम्बोधन गीत यानी छन्द हजारों साल बाद भी प्रचलन में हैं और निरन्तर चर्चा में भी बना हुआ है। चर्चा में इसकी निन्दा भी है और प्रशंसा भी। जाहिर है कि अभिव्यक्ति की इस विधा में ऐसा कुछ विशेष है जिसके लिए यह कहा जाता है कि 'कुछ बात है कि हस्ती मिटती नहीं हमारी।' हालाँकि आदिमकाल से लेकर आज तक लेखन में बहुतेरे बदलाव आये। सर्वाधिक बदलाव का शिकार कविता ही हुई। और यह संयोग देखिये कि कविता के जिस आदिम स्वरूप से ऊबकर जिन लोगों ने 'नयी कविता' जैसे बदलाव और आन्दोलन की शुरुआत की थी वे सभी लोग मूलतः गीत के ही कवि थे। जैसे डॉ. जगदीश गुप्त, लक्ष्मीकान्त वर्मा, धर्मवीर भारती, विजयदेव नारायण साही, अज्ञेय, सर्वेश्वर, गिरिजा कुमार माथुर, डॉ. केदारनाथ सिंह, दूधनाथ सिंह, नरेश मेहता, कैलाश वाजपेयी, नरेश सक्सेना आदि। और समीक्षकों में डॉ. नामवर सिंह और डॉ. रामस्वरूप चतुर्वेदी का आगमन पदार्पण जो भी कह लीजिये गीत कवि के रूप में ही हुआ था। तब गीत लिखना शायद गुनाह

नहीं था। तब गीत केन्द्र में था–पत्र-पत्रिकाओं से लेकर छोटी-बड़ी गोष्ठियों एवं सम्मेलनों तक। लेकिन इसी दौरान ऐसा कुछ घटित भी हुआ जिसके चलते गीत धीरे-धीरे केन्द्र से उठाया-भगाया जाने लगा और अन्ततः हाशिये का ही होकर रह गया। हाशिये पर गीत इसलिए चला गया कि सभी मौलिक एवं प्रतिष्ठित गीतकवि गीत छोड़कर नयी कविता लिखने लगे और पत्र-पत्रिकाओं का प्रकाशन भी अधिकतर इन्हीं हाथों में रहा, लिहाजा अच्छी तरह से रेवड़ी बाँटी गयी। इसके पहले की प्रतिबद्धता ऐसे संकुचित दायरे में कभी नहीं रही। क्योंकि उसकी दृष्टि और सोच में सार्थक और अनिवार्य प्रयोग तो थे लेकिन 'एकोऽहम् द्वितीयोनास्ति' जैसी मनोवृत्ति कहीं नहीं थी। कुछ तो इस तथाकथित मनोवृत्ति के चलते और प्राणवान् स्वजनों के घर से बाहर निकल जाने और एक नया आन्दोलन, 'नयी कविता' शुरू करने के कारण घर के अनुयायी गीतकारों ने गीत को ऐसा माँजना-भाँजना शुरू किया कि वे कवि कम विदूषक ज्यादा लगने लगे उनके गीत भी स्कूलों-कारखानों के ड्रेस जैसे हो गये। ऐसी स्थिति-परिस्थिति से जमकर लोहा लेने की सोच और दृष्टि जिस कुल गोत्र के उत्तराधिकारियों में भी थी या है वे अपने संकल्प के साथ अपनी रचनाधर्मिता से जुड़े हुए हैं क्योंकि मेरा ऐसा मानना है कि बिना गन्दगी से उतरे हुए सफाई नहीं होती। गीत में आयी हुई सड़ाँध-विसंगति और विद्रूपता को दूर रहकर देखनेवाले रचनाकारों की अपेक्षा वे रचनाकार कहीं ज्यादा श्रेयस्कर हैं जिन्होंने हर तरह की छींटाकशी एवं आँच को सहते हुए अपने को सक्रिय बनाये रखा और प्रकाशन से लेकर मंच तक गीत को न केवल जीवित रखा बल्कि उसके माध्यम से मानवीय मूल्यों-संवेदनाओं एवं संकल्पों को जन मानस में नये सिरे से स्थापित भी किया। और जिस सड़ाँध-विसंगति, विद्रूपता, बोझिलता और बासीपन से आज से पाँच-छह दशक पहले गीत घिरा हुआ था, आज उसी घेरे-कठघरे में वही 'नयी कविता' स्वतः खड़ी हो गयी है। संवेदनशील मन-प्राण उसकी चीख-पुकार देख-सुन भी रहा है। ऐसा तब तब हर बार होता है जब जब किसी उद्देश्य-विशेष से जुड़ी मानसिकता आन्दोलन का रूप लेती है। कोई भी आन्दोलन चिरन्तन और सनातन नहीं होता। उसकी अवधि निश्चत होती है। ऐसी अवधि का बिलावजह घसीटा जाना ही समानान्तर सार्थक प्रयोग का जनक भी होता है और साक्षी भी। जब यह नाटक मंच पर खेला जा रहा था। इसको बिना आन्दोलन का स्वरूप दिये रचना करनेवाले प्रयोगधर्मी गीत कवियों में वीरेन्द्र मिश्र, डॉ. शम्भु नाथ सिंह, डॉ. शिवबहादुर सिंह भदौरिया, राजेन्द्र प्रसाद सिंह, उमाकान्त मालवीय, देवेन्द्र कुमार (बंगाली), ओम प्रभाकर, रमेश रंजक, नईम, माहेश्वर, सोम ठाकुर, श्री कृष्ण तिवारी डॉ. उमाशंकर तिवारी, अमरनाथ श्रीवास्तव, बुद्धिनाथ मिश्र, सत्यनारायण और गुलाबसिंह के योगदान को भुलाया नहीं जा सकता। और सबसे मजेदार बात यह है कि इन रचनाकारों की पंक्तियाँ शैली-भाषा-कथ्य की विविधता के साथ-साथ अपनी पहचान रेखांकित करती चलती हैं बिना नाम पढ़े ही पाठक-श्रोता यह बता देते हैं कि कवि कौन है।

हाँ, गीत के साथ संकट तब पैदा होता है जब वह भाषा-शैली, छन्द-विधान जैसे बिन्दुओं पर तागजी से दूर और बासीपन से दबा हुआ दिखायी देता है। मौलिक गीत कवियों ने इस बासीपन से पहले भी बचने का पूरा-पूरा प्रयास किया है और दो-चार प्रतिशत आज भी कर रहे हैं जबकि ढेर सारे बन्धु तो लकीर पीटते हुए ही दिखायी दे रहे हैं। अगर छन्द-विधान अलग नहीं हुआ तो पैरोडी की श्रेणी में बहुत मजे से उन्हें फिट किया जा सकता है और वे ऐसी श्रेणी के लिए डिजर्ब भी करते हैं।

गीत ऐसी स्थिति में न पहुँचने पाये यह सोचना होगा उन्हें जो अपने को गीत का वारिस मानकर चल रहे हैं। क्योंकि दूसरे के भीतर झाँकने से बेहतर है अपने भीतर झाँकना और यह समय आत्मावलोकन के लिए उपयुक्त है।

लोकभारती प्रकाशन द्वारा आज के गीत सन्दर्भ को पाठकों तक पहुँचाने का जो ठोस और सार्थक प्रयास किया जा रहा है, निश्चय ही यह प्रयास एक दिशा बोध साबित होगा और इसके माध्यम से बहुत बड़ी संख्या में गीत एक साथ अपनी उपस्थिति से अपने होने का आभास करायेंगे। यह आभास बहुत दूर तक और बहुत गहराई में रेखांकित होगा ऐसा मुझे विश्वास है। पिछले कुछ वर्षों के बीच नवगीत के अनेक संकलन अगल-अलग प्रकाशनों और शहरों से प्रकाशित हुए हैं। इससे प्रकाशकों और पाठकों दोनों की रुझान का भी पता चलता है। मैं ऐसे प्रयास और प्रयोग के लिए लोकभारती परिवार का विशेष रूप से आभारी हूँ। मैं आभारी हूँ अग्रज नरेश मेहता जी का जिन्होंने अपने निधन से हफ्ता-दस दिन पहले **कविता लौट पड़ी** की पाण्डुलिपि पढ़कर अपनी असमर्थता के बावजूद दो शब्द लिखने की कृपा की। सम्भवत: यह वक्तव्य उनकी अन्तिम लिखावट है। इस समय अग्रज रचनाकार स्व. उमाकान्त मालवीय जी और प्रताप विद्यालंकार जी सचमुच बहुत याद आ रहे हैं। उनकी पावन स्मृतियों को प्रणाम करता हूँ और यह संकलन उन्हें ही समर्पित करता हूँ।

–कैलाश गौतम